PICKWICK

DANNY WHITE

ONE DIRECTION STORY

Traduzione di Daniele Ballarini

Sperling & Kupfer

La traduzione del capitolo 11 è di Sabrina Placidi.

www.pickwicklibri.com
www.sperling.it

One Direction Story
di Danny White
Titolo originale dell'opera: *1D. The One Direction Story*

ISBN 978-88-6836-117-4

I edizione Pickwick gennaio 2014

INDICE

Introduzione	VII
1. Harry Styles	1
2. Louis Tomlinson	15
3. Zayn Malik	24
4. Niall Horan	33
5. Liam Payne	45
6. È ora di affrontare la musica!	69
7. Dal vivo!	111
8. Ciò che li rende belli	151
9. Il sogno americano	176
10. Il prezzo della fama	189
11. «Living While They're Young»	200
Bibliografia	219
Referenze fotografiche	221

INTRODUZIONE

Nella musica pop un mese può essere molto lungo e ricco di eventi: chiedetelo agli One Direction. Per Liam, Louis, Niall, Harry e Zayn, i trenta giorni dell'aprile 2012, per esempio, sono stati gremiti di intrighi e incidenti internazionali, con enormi trionfi seguiti da indicibili tormenti. Soltanto due anni prima erano cinque ragazzi normali che contavano i giorni che li separavano dalle audizioni di *The X Factor*, nella categoria delle giovani speranze (soliste). Da allora, tutto è stato fuorché normale.

In quel mese di aprile sono stati invitati alla Casa Bianca da Michelle Obama; hanno annunciato un concerto nel Madison Square Garden, dopodiché, anche grazie alla grancassa mediatica, sono stati venduti a tempo di record tutti i biglietti disponibili. Sono entrati in studio per registrare insieme con Justin Bieber, il re canadese del pop. Gli Stati Uniti si sono innamorati di loro, che sono perciò apparsi nei principali programmi televisivi, *The Today Show* e *Saturday Night Live*. Nel frattempo, un gruppo musicale statunitense che portava lo stesso nome ha gettato un'ombra sul loro sogno americano citandoli in giudizio. Poco dopo, i membri di quel gruppo hanno ricevuto minacce di morte dagli infuriati fan dei loro omonimi britannici.

A seguire, la band è volata verso l'emisfero meridionale, dove ha scoperto con grande piacere di essere adorata dalle ragazze australiane e neozelandesi altrettanto che da quelle inglesi e americane. A Sydney, i membri sono stati assaliti da uno stuolo di ammiratrici, e a un giovanotto anonimo, a causa di uno scambio di identità, è capitato di essere circondato da fan urlanti. Siccome erano state incrementate le misure di sicurezza, una giovane australiana ha dichiarato di essere pronta a rischiare anche una scarica elettrica pur di poterli avvicinare. Una mezza fetta di pane tostato addentata da Niall, messa all'asta, ha raggiunto quotazioni di oltre 120.000 euro.

Mentre festeggiavano la notizia secondo cui negli Stati Uniti il loro singolo di esordio aveva superato la pietra miliare del milione di copie vendute, i componenti della band hanno intascato due milioni di dollari a testa, o almeno così si dice. Louis ha dichiarato che gli sarebbe piaciuto comprare una scimmietta come animale domestico. E, se tutto questo in un mese non fosse sufficiente, sono stati elogiati da Rihanna, la principessa del pop, e subito dopo ridimensionati quando Madonna ha dichiarato di non sapere chi fossero. Prima della fine di aprile hanno baciato alcuni koala, scatenando il timore che potessero aver contratto la clamidia, visto che le bestiole gli avevano orinato addosso, dopodiché sono andati a fare surf sull'oceano Pacifico. Per Niall c'è stato anche il tempo di beccarsi un avvelenamento alimentare, mentre altri due membri del gruppo hanno partecipato a una sessione di salti con il cavo elastico da un'altezza di centonovanta metri. Poi sono tornati tutti in Gran Bretagna, accolti da migliaia di ammiratori scatenati.

Di conseguenza, non deve sorprendere che la frenesia che circonda gli One Direction sia stata paragonata alla «Beatlemania»: la loro popolarità è immensa, in qualunque modo la si misuri. Sono stati il primo gruppo pop britannico a debuttare guadagnandosi il primo posto nelle classifiche americane degli album venduti. Lo stesso album ha raggiunto il primo posto in quelle inglesi e di altre dodici nazioni. Vantano più di 12 milioni di seguaci su Twitter, 3,6 milioni su Facebook e oltre 204 milioni di persone hanno guardato i loro video su YouTube. Un portavoce di Google ha rivelato che ogni mese 3,35 milioni di persone digitano sul motore di ricerca frasi contenenti le parole One Direction.

Gli One Direction sono la più importante «boy band» del Regno Unito e, probabilmente, del mondo. La storia che rivela come abbiano fatto a diventarlo è affascinante e stimolante.

1

HARRY STYLES

QUANDO i cinque componenti degli One Direction potranno smettere per un attimo di lavorare, tirando il fiato e passando in rassegna i successi ottenuti nella loro carriera, nessuno sarà calmo e tranquillo quanto Harry Styles. Dotato di buon carattere, disinvolto, Harry non cerca di costruirsi una falsa immagine da «fighetto»; dentro di sé, è davvero un tipo rilassato. Il suo distacco è stato peraltro messo alla prova: la vita gli ha giocato dei brutti tiri negli anni precedenti il periodo in cui è diventato celebre, ma lui ha saputo scansarli con decisione, senza nemmeno affaticarsi troppo.

Per quanto riguarda sua madre, Anne Cox, quando pensa alla fama raggiunta dal figlio e alla serie dei suoi successi professionali, stenta a comprenderli. Per gli altri, Harry è il cantante-immagine degli One Direction, il giovane noto in numerosissimi Paesi e di cui parlano all'infinito sia i fan sia i principali mass media; per lei, sarà sempre anche qualcos'altro: «Alla fine della giornata è ancora il mio bambino, ed eccolo lì sul palco, davanti a milioni di persone», ha detto.

Anne l'ha messo al mondo il 1° febbraio 1994. Era il suo secondo figlio, dato che aveva già una bambina, Gemma. Diventare nuovamente madre l'aveva resa felice, e al neonato fu imposto il nome di Harry Edward. Non lo sapeva nessuno, ma era appena nata una stella.

Harry trascorse i primi anni nel Cheshire, una contea dell'Inghilterra nord-occidentale, caratterizzata da una bella campagna lussureggiante che circonda i villaggi e le cittadine in rapido sviluppo. Holmes Chapel è uno di questi villaggi, e Harry ci ha trascorso gran parte dell'infanzia. È una località tranquilla, attraente, dotata di trasporti pubblici per chi vuole fiondarsi nella fumosa Manchester in cerca di qualcosa di più eccitante. Di per sé, il Cheshire non ha una grande tradizione artistica, fatta eccezione per Ian Curtis e Tim Burgess, due cantanti rock che provenivano proprio da questa regione. Durante le audizioni programmate per *The X Factor*, Harry l'ha descritto come «una gran noia; non succede quasi mai niente», pur ammettendo, con una nota più lusinghiera e un sorriso insolente, che è «pittoresco». Oggi, è uno dei suoi figli più famosi.

Dopo aver imparato a camminare, Harry fu iscritto all'asilo Happy Days. A suo avviso, questo nome era particolarmente appropriato, poiché ci si divertì molto. Era un piccolo asilo, in cui non mancavano mai cure e attenzioni. In quegli anni, Harry si comportava bene e giocava perlopiù con gli altri compagni. Adorava il divertimento, ma era anche molto creativo. Cominciò a mostrare il suo lato artistico in casa, mentre faceva colazione, applicando i coloranti alimentari ai toast prima di mangiarli. Veniva sempre incoraggiato a esprimersi, un fattore chiave per lo sviluppo di qualunque artista in erba. Con il tempo, affinando la destrezza manuale, imparò a usare qualche strumento musicale. Era simpatico e divertente, e stava diventando molto versatile. «Gli è sempre piaciuto attirare l'attenzione e far ridere gli altri», ha raccontato la madre alla rivista *Now*. «Di sicuro non è timido. Fin da bambino faceva sorridere la gente. Ho sempre pensato che sarebbe finito sul palcoscenico.»

A sette anni l'esistenza di Harry, che fino a quel momento era stata sostanzialmente felice, prese una piega meno allegra: i genitori gli comunicarono che avrebbero divorziato. A questo fulmine a ciel sereno reagì scoppiando in lacrime. Lui amava entrambi i genitori e detestava l'idea che imboccassero strade separate. A quell'età si trovò probabilmente davanti a un problema insolubile: era abbastanza grande per capire il dolore causato dalla separazione, ma non abbastanza per comprendere o controllare la sua reazione al dolore. I bambini che affrontano un simile sconvolgimento di solito provano vergogna, sofferenza, risentimento, confusione e perfino rabbia.

Sebbene in pubblico Harry abbia fornito un'interpretazione positiva della sua reazione, il divorzio dovette certamente ferirlo e influenzare la sua ancor giovane vita. In seguito ha sostenuto di essersi ripreso in fretta, imparando a convivere con la nuova situazione. Come ha più volte ripetuto, a sette anni non comprese, né poteva essere in grado di farlo, cosa passasse per la testa dei genitori; c'erano troppi cambiamenti pratici con cui fare i conti. Dopo il divorzio, insieme con la sorella andò a vivere in un'altra casa con la mamma, che si era stabilita in una zona del Cheshire ancora più agricola, in cui aveva assunto la proprietà e la gestione di un pub. Vivevano sopra il locale. Nella sua vita stavano avvenendo molti cambiamenti, ma Harry seppe abituarcisi. Si era fatto un nuovo amico, Reg, un po' più grande di lui, e aveva imparato a conoscere la zona. Uno dei posti che si divertì a scoprire era la latteria, a pochi chilometri da casa, dove producevano un gelato buonissimo. L'esistenza sembrava bella quando poteva papparsene uno dopo la biciclettata fatta per arrivare fin lì.

Malgrado il divorzio dei genitori, Harry non aveva perso energia o entusiasmo. Anziché comportarsi male (soltanto una volta fu coinvolto in una lite a scuola), scaricava la sua grinta nello studio. In particolare, si impegnava nelle ore di inglese e di religione. Si esprimeva bene nello scritto e prendeva ottimi voti nei temi in classe. Essendo un tipo essenzialmente estroverso, non vedeva l'ora di partecipare alle lezioni di recitazione, e fu così che fece la prima apparizione canora in pubblico. «La prima volta che cantai davvero fu in una recita scolastica. Provai una tale eccitazione che avrei voluto ripetere l'esperienza», disse. L'entusiasmo derivava dal gusto per l'esibizione, dal sentirsi appagato dall'essere al centro dell'attenzione. Tra le rappresentazioni teatrali cui prese parte c'era *Chitty Chitty Bang Bang*, in cui interpretava Buzz Lightyear. In effetti, questo personaggio appartiene al cartone animato *Toy Story*, ma in una produzione scolastica ci si poteva prendere qualche libertà. Nato sotto il segno dell'Acquario, Harry è sempre a suo agio nel fare esperimenti, e anche in quell'occasione la novità era stata di suo gradimento. Un'altra volta aveva interpretato il ruolo di protagonista in una rappresentazione incentrata su un topo di nome Barney. La recitazione era tuttavia un'attività collaterale e Harry fu presto incoraggiato a cantare. Fu suo padre a spronarlo a occuparsi di musica. Quando divenne sempre più evidente che Harry adorava cantare, il nonno gli comprò una macchina per il karaoke; uno dei primi motivi che il nipote canticchiò sopra la base fu *Girl of My Best Friend* di Elvis Presley.

Nel periodo in cui frequentava la Holmes Chapel Comprehensive School di Selkirk Drive, Harry trovò un modo ancora più galvanizzante di esibirsi in pubblico: gli fu chiesto se voleva unirsi a una rock band. Will, un suo amico, stava cercando il cantante per un nuovo gruppo e gli domandò se fosse disposto a provare con i musicisti che si stavano mettendo insieme. Tutti i membri si dichiararono soddisfatti di avere il bell'Harry come frontman, cosicché la formazione potè dirsi completata. Rimaneva solo da accordarsi sul nome da dare alla band. Fu Harry a suggerire White Eskimo, eschimesi bianchi, un appellativo piuttosto strano, e forse più adatto a un cocktail o a un locale notturno che a un gruppo di adolescenti che fanno rock. Tuttavia, era abbastanza particolare e, visto che nessuno aveva un'idea migliore, fu accettato. A Harry non manca certo la fantasia e quella non fu l'unica volta in cui escogitò il nome per un gruppo musicale.

Gli White Eskimo erano influenzati dal punk pop, allora in auge, sul tipo di quello che facevano i Blink-182, un gruppo californiano; inoltre, Harry va pazzo per i Jack's Mannequin e altri artisti di genere musicale analogo. Ciò malgrado, i tre artisti che lo hanno maggiormente ispirato non hanno nulla a che vedere con il punk pop: le iconiche carriere di Michael Jackson, Elvis Presley e Freddie Mercury sono state di tutt'altro tipo. Durante l'infanzia gli piaceva molto anche *Free Fallin'* di John Mayer, oltre ad avere un debole per le canzoni di Michael Bublé. Ogni membro degli White Eskimo aveva le sue preferenze, e tutto sommato avevano messo insieme un repertorio musicale decente.

Non passò molto tempo prima che venissero chiamati a suonare durante gli eventi scolastici e perfino a un matrimonio. Il primo motivo che eseguirono insieme dal vivo fu *Summer of '69* di Bryan Adams. In seguito, seppero che nei dintorni si sarebbe tenuto un talent show per la selezione di alcuni gruppi musicali. Decisero di partecipare, come ha raccontato in seguito a Dermot O'Leary, il presentatore di *The X Factor*, proprio durante il programma: «Siamo entrati nella gara, ribattezzata 'battaglia delle band', un anno e mezzo fa e abbiamo vinto. La vittoria, e il fatto di esibirmi davanti a tanta gente, mi hanno chiarito quello che volevo fare veramente. Trovandomi a cantare in pubblico ero così eccitato che capii che avrei voluto farlo sempre».

La vittoria impressionò anche il preside di Harry, Denis Oliver, che era presente dato che la gara si teneva nella mensa della scuola. In seguito ha ricordato: «Qui gli White Eskimo hanno trionfato nella 'battaglia delle band'. Harry si esibiva nel corso di numerose riunioni». Evidentemente, le sue qualità canore non erano passate inosservate a coloro che le avevano ascoltate dal vivo.

In effetti, alcuni giovani che assistettero a quegli spettacoli li ricordano ancora; Bethany Lysycia, per esempio, ha detto al *Crewe Chronicle*: «Erano veramente bravi. Eravamo tutti impressionati, specialmente da Harry. Sapevamo che sapeva cantare, dato che lo sentivamo sempre mentre si esercitava nei corridoi. Di sicuro sarebbe diventato una star, e credo che migliori sempre di più».

Su Internet sono stati pubblicati dei video in cui la band esegue *Summer of '69* durante una cerimonia di nozze; la voce di Harry è molto più acuta di adesso, ma sul palco la sua figura appare familiare: saltella, guarda il pavimento mentre inspira a fondo, e in genere sembra lo stesso ragazzo di oggi, con gli One Direction. Un'altra canzone che suonavano spesso apparteneva ai Jet: *Are You Gonna Be My Girl*. In un altro video si vede la band durante alcune prove. La cosa che si nota di più è quanto si stiano divertendo.

Il concerto dato in occasione del matrimonio fece intascare loro la prima busta paga: centosessanta sterline per l'intera esibizione. Se la divisero equamente, perciò ognuno ebbe quaranta sterline. Harry ricorda divertito che avevano persino potuto attingere gratuitamente al buffet.

Tuttavia, più preziosa dei soldi e dei sandwich si rivelò l'esperienza in sé. Gli invitati dissero a Harry che era un cantante nato e un leader naturale. Il suo carisma e la sua presenza scenica erano tali che un ospite della cerimonia, produttore musicale di professione, quindi esperto in materia, lo paragonò a uno dei frontman inglesi più noti, Mick Jagger dei Rolling Stones. Quale onore: Harry fu orgoglioso e felicissimo dei riscontri avuti.

Stava pian piano diventando una celebrità locale, ben prima che diventasse noto a livello nazionale e poi mondiale. Questo fatto, associato all'aspetto fanciullesco e alle sue maniere gentili, fece sì che iniziasse ad attirare l'attenzione di un sacco di ragazzine, quando ancora la fama ottenuta con *The X Factor* era di là da venire.

Harry racconta di aver avuto la prima fidanzatina a sei anni, la figlia di un'amica della madre. Erano molto dolci insieme; Harry comprò persino due orsacchiotti come regalo; per quanto riguarda la bimba, la definisce «molto carina». A dodici anni ebbe invece la prima vera ragazza, affermando poi di aver dato il suo primo bacio a una compagna di scuola.

Una certa Lydia Cole ha raccontato al *Crewe Chronicle* che Harry era stato il suo primo ragazzo quando andavano ancora a scuola: «Quel che si vede sullo schermo è vero. Harry è così, è sempre stato spavaldo e affascinante». Le voci che circolano su di lui dopo che è diventato celebre con gli One Direction ne dipingono le precoci esperienze con il sesso femminile, e lui non nasconde certo le sue prodezze in questo campo. «Harry si vantava del numero di ragazze con cui era andato a letto», sostiene una «persona informata dei fatti», come riporta la rivista *Now*. «Diceva che erano sei», e aggiunge: «Gli piace amoreggiare». Rispetto agli altri componenti degli One Direction, appariva il più sicuro di sé nel trattare con le attraenti personalità femminili, sia durante *The X Factor*, sia in altre occasioni; il suo vissuto sentimentale si palesava nella sicurezza e nell'amabilità che dimostrava parlando con loro, quasi a smentire la sua giovane età.

Per quanto riguarda la famiglia, Harry ebbe un nuovo fratellino quando la madre Anne incontrò Robin, il suo futuro patrigno. La coppia era stata molto attenta a come Harry e Gemma avrebbero preso la nuova relazione. Harry riteneva Robin un tipo in gamba, e aveva sorriso divertito sapendo che aveva proposto alla madre di sposarlo mentre guardavano *Coronation Street*, la popolare soap opera.

Tra gli altri ricordi della sua infanzia c'è quello di quando si fece un'abbuffata al ristorante *TGI Fridays*, per poi vomitare sulla sorellina Gemma mentre tornavano a casa. Tuttavia, il suo amore per il cibo non gli ha mai creato problemi di peso, anche perché ama gli sport: quelli che preferisce e che ha praticato sono il badminton, il calcio e il cricket. Inoltre, era un temuto avversario nelle sale da bowling. Non deve sorprendere che una delle sue materie scolastiche preferite fosse l'educazione fisica. A un certo punto fu anche selezionato dalla squadra di calcio locale per il ruolo di portiere.

In seguito si procurò un lavoro part-time presso la panetteria W. Mandeville. Il suo capo, Simon Wakefield, ha detto alla BBC che Harry era un dipendente modello: «La sera veniva a pulire i pavimenti e il sabato serviva i clienti in negozio. Era bravo, eravamo contenti di averlo con noi; quando c'era lui si respirava un'aria positiva». Un altro suo superiore ha dichiarato che «era un giovane molto popolare presso i clienti che lo vedevano dietro al bancone». Possiamo immaginare quanto fossero apprezzati il suo bell'aspetto e la personalità carismatica.

Harry era pronto a trasferire il suo fascino sulla scena nazionale. Al pari di milioni di altri britannici, adorava guardare i talent show in televisione, compreso *The X Factor*. E soprattutto, quando vedeva i giovani concorrenti che avevano successo, gli accadeva di pensare che anche lui aveva una chance. Per usare un'espressione che in futuro sarebbe stata appropriata al suo caso, Harry osò sognare. I talent show locali e le cerimonie nuziali potevano anche andar bene, ma partecipare a un'audizione di fronte al temuto Simon Cowell e ai severi giudici, nonché a milioni di telespettatori, era una prospettiva totalmente diversa. Quindi si procurò un modulo di richiesta, la madre Anne lo riempì per lui, poi lo spedirono. Da quel momento non fecero altro che attendere il provino, contando i giorni che mancavano all'evento. Harry rivelò le sue intenzioni ai compagni della band, e loro non se la presero.

Nick Clough, il bassista, disse: «Siamo contenti per lui e gli facciamo i migliori auguri». Il chitarrista Haydn Morris: «Qui a scuola siamo tutti dalla sua parte. È una cosa bellissima».

Pur essendo ricco di speranze e di ambizioni, Harry manteneva aperte tutte le opzioni per gli anni successivi: qualsiasi professione avesse fatto, avrebbe dovuto garantirgli un buon tenore di vita. Da adulto non voleva avere problemi economici. Aveva anche progettato di iscriversi all'università per studiare diritto, economia e sociologia, con una laurea breve. Nel tempo libero continuava a lavorare nella panetteria. Come vedremo, alcuni degli altri ragazzi che avrebbero fatto parte degli One Direction giunsero all'audizione molto stressati, con la sensazione che il loro futuro dipendesse dal «consenso» dei giudici.

Il calmo Harry era determinato ad avere successo, ma era meno preoccupato riguardo all'esito. Per lui, l'esperienza era più simile a una scoperta: voleva sapere se aveva la possibilità di diventare un cantante professionista. Se il risultato fosse stato negativo, pazienza, ci aveva provato.

A volte capita che, pur avendo un sogno da realizzare, si cerca un motivo per non perseguirlo. Anziché concentrarsi sulle cose che potrebbero andare bene, ci si immagina quelle che potrebbero andare storte. L'esempio di Harry dimostra che a volte vale la pena di adottare l'approccio più semplice e positivo: nel fare un tentativo, basta pensare che non c'è niente da perdere.

Lui non andò a *The X Factor* con il timore che la sua vita dipendesse da quel successo o fallimento; decise di provarci per vedere cosa sarebbe accaduto. La vita è una questione di scelte, e il giovane Harry Styles aveva fatto la scelta giusta.

2
LOUIS TOMLINSON

Louis è il personaggio più riservato degli One Direction. A differenza di Harry, Liam, Niall e in una certa misura anche di Zayn, nei primi tempi della diffusione televisiva di *The X Factor* era perlopiù assente. Prima della fase nella casa dei giudici, ben pochi spettatori lo avevano notato. Anche dopo la formazione della band, quando venne lanciata nelle esibizioni dal vivo Louis era uno dei componenti meno in vista; in seguito, mentre gli One Direction facevano i primi passi della loro carriera, la sua partecipazione al gruppo fu messa in discussione da un ex vincitore del talent show, amareggiato per essere stato escluso.

Molti si sarebbero scoraggiati per questo status inferiore, ma non lui: mantenne la testa alta, continuò a sfoggiare il suo accattivante sorriso e in breve tempo diventò un beniamino dei fan; a volte, durante i concerti e nelle apparizioni in pubblico, è proprio Louis a ricevere gli applausi più scroscianti e le frasi più affettuose da parte delle ammiratrici in delirio.

Per farcela ha dovuto dimostrare parecchio equilibrio, nonché sicurezza, qualità che non gli sono mai mancate. Quando si hanno quattro sorelline (Phoebe, Daisy, Félicité e Charlotte), da un primogenito ci si aspetta che vi siano alcune caratteristiche innate, tra le quali l'attitudine al comando, oltre a uno spiccato senso del dovere e di responsabilità. Ciò dipende soprattutto dal fatto che il primo maschio, in una famiglia di notevoli dimensioni come quella dei Tomlinson, svolge abitualmente un ruolo quasi da genitore. In un certo senso, deve collaborare all'educazione e alla cura delle sorelle. Louis afferma che la gente è colpita dal suo modo di trattare con i bambini. Di contro, il lato meno positivo dei primogeniti è che tendono a essere autocritici, hanno sovente sensi di colpa e sono suscettibili all'invidia. Dietro alla sua immagine sbarazzina, Louis vive momenti di incertezza e infelicità.

Il fatto di essere il figlio maggiore ha influito sulla sua vita, rendendolo molto attaccato alla madre. Il loro speciale rapporto affettivo dura tuttora, persino quando lui è a migliaia di chilometri di distanza, e lo attestano i messaggi che madre e figlio si scambiano su Twitter, così come le loro dichiarazioni pubbliche. «Abbiamo un rapporto molto stretto», ha ammesso Johanna. «Lui ha quattro sorelle ed è il mio unico maschio. È proprio un ragazzo delizioso.» Dato che c'è un grande divario di età con le sorelle minori (le gemelle Daisy e Phoebe), gli si chiedeva spesso di collaborare alle faccende domestiche, cosa a cui lui si prestava volentieri. Nelle foto d'infanzia lo vediamo accudire le sorelle, e in una celebre immagine Charlotte è seduta sulle sue ginocchia mentre lui le legge un libro: è evidente che le ama molto. Ciò non significa che non desiderasse avere anche un fratellino, ma non avendolo avuto ha stretto un forte legame affettivo con il padre.

Come sanno fin troppo bene gli ammiratori degli One Direction, Louis è di gran lunga il componente più loquace della band. La sua voglia di parlare, parlare e ancora parlare risale a molto tempo prima della formazione del quintetto. Parlottava per gran parte della giornata quando era ancora nel passeggino e salutava ad alta voce gli sconosciuti che gli passavano accanto. Se non gli rispondevano con sufficiente cordialità, si trovavano a essere oggetto di commenti poco affabili da parte del ciarliero Louis, che scoppiava di energia; fin dall'inizio c'era qualcosa di speciale nel carattere del «ragazzo delizioso» messo al mondo da Johanna.

Tuttavia, Louis era anche portato a sognare a occhi aperti. Prima di intraprendere la carriera di cantante aveva immaginato di poter diventare, tra le altre cose, un Power Ranger, un contadino, un calciatore, un attore e un insegnante di teatro. Non ci deve stupire che andasse matto per i Power Rangers: da piccolo, lo ammette lui stesso, era «ossessionato» da questi personaggi e per diversi anni continuò a chiedere, come regalo di Natale, un giocattolo oppure un gadget di questa serie televisiva. Quando la famiglia si trasferì temporaneamente a Poole, vicino a Bournemouth, Louis fu felicissimo di sapere che sul lungomare si stava girando una scena dei Power Rangers.

Nello stesso periodo, anche il suo futuro compagno musicale Zayn andava pazzo per loro. Un'altra coincidenza interessante è relativa all'uomo che avrebbe contribuito a far avverare i sogni dei cinque ragazzi: Simon Cowell, il quale ha svolto un ruolo di primo piano nella storia dei Power Rangers. Infatti, dato che la serie televisiva aveva un'audience altissima, si assicurò la distribuzione delle canzoni incise nelle varie puntate. Una di esse si piazzò al terzo posto delle classifiche. Negli anni a venire, Cowell avrebbe fatto raggiungere a Louis il primo posto di quelle stesse classifiche.

Prima di toccare la vetta, Louis avrebbe dovuto passare attraverso varie vicende, affinando l'arte dell'intrattenimento in modo graduale. In realtà, all'inizio la sua passione era limitata, più che al canto, alla recitazione. E ben presto trovò un ruolo di comparsa in alcune trasmissioni televisive. Tutto cominciò quando riuscì a infilarsi nel cast di un programma in cui figuravano le gemelle Phoebe e Daisy. Durante una puntata, fuori scena incontrò il famoso James Corden, di cui è tuttora amico. Poi frequentò delle lezioni di recitazione, ed era talmente ambizioso da dotarsi di un agente teatrale. Questi gli procurò alcune parti, anche se piccole, fra le quali una in *Waterloo Road*, la serie in onda da tempo sulla BBC, e un'altra nello sceneggiato di *If I Had You*.

Louis recitò anche a scuola, e uno dei suoi momenti più felici, prima della carriera iniziata con *The X Factor*, fu quando gli assegnarono il ruolo di Danny in una produzione di *Grease*. L'eccitante risultato lo riempì di orgoglio: il pubblico era composto da duecento persone, e tutte riferirono che aveva interpretato in modo eccellente il ruolo di protagonista.

Recitazione a parte, negli studi Louis non se la cavava affatto male. Molti insegnanti lo ricordano bene, anche se con alcune contraddizioni. Yvonne Buckley, la preside, approvava soprattutto il suo ruolo di fratello maggiore: «Louis era un alunno determinato che si impegnava molto, e poi aiutava le sorelle». I suoi ricordi di un ragazzo «impegnato» vengono però parzialmente smentiti da Jenni Lambert, la consulente e referente della scuola: «Certo, non posso lamentarmi di lui, è un bravo ragazzo», ha riferito al *Daily Star*. «Talvolta era un po' mascalzone, ma gli piaceva moltissimo esibirsi, e la cosa che più amava erano gli spettacoli con la band durante le assemblee. In fondo, era questo che aveva sempre voluto. È un tipo che ha fascino, ma lo studio non era il suo forte.» E ha concluso: «Comunque, non posso che parlarne bene». Se non altro, si può dire che le ha offerto un esempio lampante per motivare i suoi scolari: se lavorano sodo, potranno diventare come Louis e ottenere il successo. Malgrado la sua precoce popolarità come attore, mestiere a cui vorrebbe tornare in futuro, è nella musica che Louis ha trovato l'esempio che la Lambert può indicare ai suoi scolari.

A quattordici anni si aggregò a un complesso chiamato The Rogue, il furfante. È molto fiero di averne fatto parte, ed è persino orgoglioso di quel nome, che per una rock band è sicuramente più evocativo degli White Eskimo inventato da Harry. La storia dell'incontro è particolare. Gli altri componenti del gruppo conobbero Louis durante una gita scolastica a Norfolk, e gli chiesero se voleva diventare il loro cantante. Questo la dice lunga sulle sue intrinseche qualità di leader: glielo chiesero senza nemmeno sapere se era bravo a cantare... Se volessimo cercare l'elemento a dimostrazione che una persona possiede quella qualità indefinibile, ma importantissima, chiamata «fattore X», qui ne abbiamo un esempio lampante: la personalità carismatica di Louis, a cui va forse aggiunto il suo bel viso, era stata sufficiente per convincere un complesso già formato che il tipo adatto a guidarlo era lui.

Per fortuna, furono soddisfatti di averlo ingaggiato: con il cantante adatto i Rogue erano al completo. Le loro sonorità seguivano una linea più rockeggiante rispetto a quella dei futuri One Direction. Tra i numeri che eseguivano c'erano le cover di complessi che facevano punk pop o stadium rock come i Green Day, noti soprattutto per i loro inni *American Idiot*, *Wake Me Up When September Ends* e *Good Riddance (Time of Your Life)*. Come abbiamo visto, anche Harry aveva un debole per questi ritmi vivaci e rumorosi. I Rogue si cimentarono inoltre con le canzoni dei Killers, un altro gruppo rock americano. Quando interpretava questi motivi, Louis si immedesimava in parte nei cantanti dei due gruppi (rispettivamente Billie Joe Armstrong e Brandon Flowers), prestando però attenzione a far emergere le sue caratteristiche vocali.

Con il tempo sarebbe diventato una vera star, con tutto ciò che ne consegue, ragazze incluse. Il primo bacio lo dette in quinta elementare. «Non lo ricordo granché», ha riferito a Sugarscape, un sito web. «Era una specie di... quei momenti strani. Tutto andò bene, ero giovane e ingenuo.»

Cos'altro dire? L'anno successivo si prese la prima cotta per una celebrità: l'attrice Emma Watson, della saga cinematografica *Harry Potter*. Ricorda di essersene invaghito quando andò con i suoi compagni a vedere il primo episodio, quello sulla pietra filosofale: «Tutti i ragazzi stravedevano per lei».

Durante i primi turbamenti dell'adolescenza iniziò a uscire con una ragazzina che «mi piaceva davvero», disse. Tuttavia, alcune settimane dopo lei lo piantò perché, a suo avviso, «non era all'altezza». Quando racconta questa storia, anche oggi che è un personaggio da poster, Louis lascia trasparire il suo dispiacere. «Mi fa ancora male», non esita ad ammettere. Oggi, le sue ammiratrici non riescono a credere che una ragazzina abbia osato scaricare il loro idolo.

L'infanzia di Louis è stata più ricca di esperienze e attività di quella degli altri One Direction, anche tenendo conto che è il componente più grande. Aveva sempre fretta, era pieno di energia, era disposto a sperimentare tutte le cose che la vita poteva offrirgli. Il suo curriculum abbonda di lavori svolti: è stato allenatore di calcio, ha venduto merendine durante le partite, ha fatto il cameriere, ha lavorato in un cinema e in una filiale della famosissima catena di negozi di giocattoli Toys R Us.

Ben presto sarebbe giunto però il momento di presentare la richiesta per l'audizione a *The X Factor*. Lo fece nel 2009, ma non superò il turno di selezione. Trascorse l'anno seguente in attesa di tornarci, determinato ad avere successo. Quando presentò la domanda per il 2010, aveva appena superato l'esame di ammissione all'università. La sua esistenza non sarebbe stata più la stessa.

3

ZAYN MALIK

GRAZIE ai suoi lineamenti quasi perfetti, compresa la magnifica capigliatura nera, Zayn avrebbe potuto imboccare una carriera diversa da quella attuale. Per esempio, quella di modello. Gli sarebbe stato persino facile assumere atteggiamenti un po' presuntuosi, come fanno tante giovani celebrità dal fisico atletico. Si rendono conto che il loro aspetto è sufficiente per sfondare e ritengono di non aver bisogno di sfoderare un fascino autentico. Malgrado la sua innegabile vena di vanità, Zayn ha evitato questo tranello, rimanendo la persona gentile, semplice e un po' bizzarra che è sempre stato.

Zain, come a volte viene scritto il suo nome, è nato il 12 gennaio 1993. Sua madre si chiama Tricia, suo padre Yaser. La famiglia è numerosa e socievole: ci sono tre sorelle, cinque zie, due zii e una ventina di cugini. Avendo tanti parenti di sesso femminile, come il suo compagno Louis, Zayn ha sviluppato una particolare sensibilità per le donne. Non solo: si ritiene che i «figli intermedi» abbiano speciali capacità di sintonizzarsi sui bisogni e sulla sensibilità altrui, e non a caso Zayn è il secondogenito. Infatti, per carattere è incline a lottare per i deboli e gli svantaggiati. Insomma, tutto ciò lo rende un ottimo partito per chi lo vorrebbe come fidanzato (senza dimenticare la bella presenza e il successo).

Ma che tipo di ragazzo era, e che infanzia ha avuto? Il suo primo ricordo risale al parco divertimenti in cui si recò con la madre e la nonna. Aveva tre anni, e per lui fu un'esperienza notevole: tutte le luci, i rumori e il movimento lo impressionarono molto. A casa gli piaceva essere al centro dell'attenzione, mentre in quell'occasione tutti i suoi sensi erano allertati da ciò che succedeva intorno. Oggi, divenuto una celebrità, ha una vita frenetica, eccitante e stimolante, si potrebbe quasi dire come in un infinito parco giochi.

Ha frequentato le scuole elementari di Lower Fields sulla Fenby Avenue, a Bradford. Il motto della scuola è: «Condividere la visione. Raggiungere il successo». È stato allora che Zayn ha iniziato a sviluppare la passione che lo avrebbe lanciato come un razzo verso la popolarità internazionale. «Mi è sempre piaciuto cantare», ha detto. Nei primi anni di scuola comparve in una delle sue prime esibizioni in pubblico quando, nella filiale di Bradford dei supermercati Asda, fece parte del coro che si esibiva per il sindaco. Inoltre, partecipava alle rappresentazioni teatrali locali. Sul suo ex alunno, ora famoso, il direttore di Lower Fields, John Edwards, ha detto: «Lo ricordo come un bel ragazzino, impegnato; in particolare, rammento il ruolo che interpretò nella recita dell'ultimo anno».

In effetti, Zayn a scuola ebbe momenti davvero felici. Tuttavia, in quanto figlio di un matrimonio misto (il padre è inglese-pakistano), all'inizio ebbe delle difficoltà. «Nei primi due anni ero spaesato perché in classe ero l'unico a provenire da una famiglia mista», ha scritto in *Il coraggio di sognare – Noi, gli One Direction*. Ciò lo metteva a disagio, e lo spinse a cambiare scuola; in quest'ultima si sentiva meno notato e si integrò meglio. Fu lì che iniziò a provare attrazione per le ragazzine.

La prima volta che ne baciò una si rese conto che, per far funzionare la faccenda, doveva improvvisare. «Avrò avuto otto, nove anni [altrove ha detto che forse ne aveva dieci]. Lei era più alta ed eravamo all'aperto, perciò dovetti salire su un mattone per essere alla pari. E questa è la cosa che ricordo meglio.»

Con l'adolescenza, dai tredici anni in poi, Zayn divenne sempre più consapevole dell'avvenenza femminile, e in particolare notava le donne famose. «La prima cotta per una celebrità fu indubbiamente per Megan Fox», ha confessato. «Quando vidi il film *Transformers*, la trovai arrapantissima.»

Va da sé che in questo periodo Zayn cominciò a dedicare una cura particolare all'aspetto fisico. Siccome gli piacevano le belle ragazze, voleva apparire al meglio. La sua attenzione per i dettagli superava quella degli altri ragazzi della sua età; il «vanitoso Zayn» era pronto a sacrificare mezz'ora di sonno mattutino per perfezionare il look, sistemare i capelli e soddisfare la sua notevole vanità. È stato forse il fatto di avere sempre vicino un sacco di donne a influenzarlo così tanto nel prendersi cura del suo aspetto. Tuttavia, a tagliargli i capelli da piccolo era il padre, che più avanti negli anni lo avrebbe spesso aiutato a pettinarsi la mattina. In ogni modo, l'attenzione dedicata all'apparenza ha dato i suoi frutti: Zayn è bellissimo.

Sempre per attirare le ragazze, cercava di continuo nuove variazioni al suo look. A un certo punto si rasò a zero e si depilò le sopracciglia; dato che gli piacevano l'hip hop e il rock and blues, voleva entrare nella parte.

Desiderava sembrare un «duro», ma di quelli «in gamba». Guardandosi indietro, si chiede se ci sia riuscito. Comunque, le ragazze erano attratte da lui e, a quindici anni, ebbe la sua prima storia. Prima di diventare famoso ha avuto però solo tre ragazze.

Nel frattempo ha affinato i gusti in campo sentimentale: la cosa che più gli piace nel genere femminile è la forza di carattere e la capacità di divertirsi. Per lui, queste virtù sono più importanti dell'aspetto esteriore. Tuttavia, alcuni dettagli della sua vita sentimentale rimarranno probabilmente un segreto. Alla domanda su quando abbia perso la verginità, ha replicato in modo evasivo: «Un gentiluomo non lo rivela mai».

Intanto il suo amore per il canto e le esibizioni pubbliche aumentava. Adorava le sensazioni del palcoscenico, durante le quali si animava e diventava il centro dell'attenzione. Questo costituiva anche uno sfogo per le sue enormi riserve di energia: Zayn è stato un bambino talmente irrequieto che una volta la madre Tricia lo portò dal medico per sapere come potesse calmarlo.

In casa si metteva in mostra improvvisando concertini davanti ai parenti: intonava canzoni di diversi artisti, fra i quali Daniel Bedingfield. A quell'epoca non poteva ancora saperlo, ma uno degli ammiratori più sfegatati di Bedingfield è Simon Cowell, l'uomo che avrebbe cambiato la sua vita.

Oltre al canto, Zayn scoprì di essere portato per la recitazione. Durante le superiori ottenne un ruolo in una delle tante produzioni del musical *Grease*. A causa della sua esile corporatura, si dovette creare una nuova parte: Zayn infatti non avrebbe potuto interpretare il ruolo principale, come aveva invece fatto Louis nella sua scuola. Successivamente impersonò altri personaggi in diverse produzioni locali, fra cui *Bugsy Malone* (*Piccoli gangsters*), un allegro musical in cui ottenne il ruolo di protagonista, e *Arabian Nights* (*Le mille e una notte*), dalla celebre raccolta di novelle orientali. Entrare nella pelle di un altro e rappresentarsi con una nuova identità gli sembrava liberatorio, oltre che divertente. Durante queste prestazioni si esaltava al punto che per tornare con i piedi per terra gli ci voleva un po' di tempo, doveva dormire e rilassarsi.

Faceva così le prime esperienze di un fenomeno che colpisce molti artisti: l'euforia da prestazione, paragonabile a uno «sballo». Però aveva persone con cui condividere l'esperienza: sul palco aveva fatto amicizia con i colleghi, con i quali ancora oggi mantiene stretti rapporti. Nonostante i numerosi impegni, Zayn non vuole «partire per la tangente» e ritiene che restare in contatto con i vecchi amici sia il modo più facile e positivo per evitarlo.

D'altra parte, non si conforma neppure a tutte le caratteristiche che si associano ai figli «di mezzo». Molti esperti sostengono, per esempio, che i ragazzi che hanno fratelli nati prima e dopo di loro spiccheranno nelle attività non accademiche. Zayn, invece, andava bene sia a scuola sia nelle altre attività. Quando aveva otto anni era già in grado di leggere libri per adulti. È inoltre un artista provetto, dote che ritiene di aver ereditato dal padre. Ha superato i voti per l'ammissione al diploma di scuola secondaria in undici materie, e per la lingua inglese ha addirittura ottenuto il certificato con un anno di anticipo e un'ottima votazione. L'anno successivo chiese di ripetere quell'esame per ottenere il voto massimo; gli fu negato, ma ciò non significa che sia stata una sconfitta. Di sicuro, come si dice, oltre al bel viso c'è ben di più.

Zayn è del segno zodiacale del Capricorno: ci si aspetta quindi che sia ambizioso, provvisto di senso dell'umorismo, ma anche timido e riservato. Di questi suoi tratti caratteriali abbiamo le prove. In alcune situazioni, i fan si stupiscono della sua prontezza mentale, in altre notano quanto sia tranquillo. Se ripensa alla sua infanzia, ricorda le occasioni in cui voleva salire alla ribalta, sotto i riflettori, ma non dimentica le volte in cui preferiva rifugiarsi da solo in una stanza. Questi contrasti lo rendono una persona intrigante e complessa; sono questi aspetti a plasmare quella qualità immateriale, ma fondamentale, che deve possedere chi vuole far parte del mondo dello spettacolo: il fattore «X», ovvero l'imponderabile.

È per questo che Zayn è apparso il candidato ideale per l'omonimo talent show organizzato da ITV. Essendosi distinto alla scuola superiore Tong – dove ormai era una star – decise di sospendere temporaneamente gli studi per fare l'audizione a *The X Factor*. Il vicepreside Steve Gates ha detto a un giornale locale (*Telegraph & Argus*) che Zayn era «uno studente modello che eccelleva nelle materie di ambito artistico ed esecutivo, che qui alla Tong sono di livello specialistico». E ha aggiunto: «È sempre stato un interprete straordinario in ogni produzione scolastica, teatrale o musicale».

Fu proprio un insegnante di musica della Tong a suggerire a Zayn di partecipare al talent show. Tuttavia, ci volle del tempo perché il ragazzo trovasse il coraggio di andare a fare l'audizione. A quindici anni, nel 2008 – lo stesso anno in cui Liam Payne fece la sua prima audizione, raggiungendo la fase della casa dei giudici – Zayn in effetti si procurò il modulo di domanda per l'ammissione, ma non lo riempì. L'anno dopo tergiversò di nuovo. Il desiderio di partecipare allo show era molto forte, ma l'ansia aveva sempre il sopravvento. Ho davvero tutto ciò che mi serve? continuava a chiedersi. Certo, era consapevole della sua avvenenza, ma meno della sua potenza di voce o del coraggio necessario per arrivare fino in fondo alla sfida.

Infine, nel 2010 si presentò. Compilò il modulo, lo spedì e fece l'audizione. Gli serviva però ancora una spinta. Cambiò infatti idea il giorno stesso del provino, nel timore di essere bocciato. Avrebbe voluto rimanere a letto, ma sua madre gli ordinò di alzarsi e di andare. «Ero veramente teso, ma lei mi disse semplicemente di non fermarmi e di non perdere la mia occasione», ricorda Zayn.

E così ci andò. Ciò che è accaduto in seguito ha dimostrato ancora una volta la fondatezza dell'usatissimo proverbio: la mamma ha sempre ragione.

4

NIALL HORAN

QUANDO gli One Direction sbaragliarono le classifiche di vendita americane, uno dei primi a congratularsi con i ragazzi su Twitter fu Justin Bieber, il re del pop in persona. Dopo le felicitazioni a tutta la band, l'idolo canadese inviò sull'account di Niall Horan un tweet del seguente tenore: «I bravi ragazzi vincono sempre, fratello». Un messaggio particolarmente azzeccato, poiché Niall non solo è da lungo tempo un ammiratore di Bieber, ma è davvero un bravo ragazzo irlandese. Leale, amichevole e sempre arguto: una fonte di gioia per tutti coloro che lo hanno conosciuto. E Bieber non è l'unico ad apprezzarlo; a Niall non mancano certo le persone incantate dai suoi trionfi.

Qual è stata quindi l'infanzia di questo ragazzo? Probabilmente è suo padre ad aver meglio descritto la famiglia Horan: «Siamo persone normali».

Niall Timothy è nato in Irlanda il 13 settembre 1993 a Mullingar, contea di Westmeath. La cittadina è piccola e tranquilla; lo stesso Niall ha detto che per i giovani non c'è molto da fare. Le principali attrazioni turistiche sono i laghi che, per quanto meravigliosi, appaiono ben poco interessanti agli occhi di un adolescente. Eppure Niall, anche oggi che è famoso in tutto il mondo è rimasto fedele ai luoghi in cui è cresciuto. Ritiene sempre che il modo migliore per trascorrere una serata sia uscire a Mullingar con gli amici del cuore. Forse non ci sarà molto da fare, ma che cosa può uguagliare la propria terra e le persone con cui siamo amici fin da piccoli?

In compenso, il paese è orgoglioso di lui: già piovono proposte per erigere un monumento in suo onore. Peraltro, Niall è fiero di essere irlandese e di issare la bandiera della repubblica celtica sulle scene di tutto il mondo. L'unica cosa che lo fa arrabbiare è ascoltare commenti poco gentili sugli irlandesi e la loro nazione. Per esempio, si lamenta perché la gente gli chiede di continuo se gli piacciono le patate, una poco velata allusione alla carestia che ha colpito l'Irlanda nell'Ottocento. Oggi Niall gira il mondo grazie al suo lavoro e conduce una vita invidiabile, ma ritiene che non ci sia nessun luogo paragonabile alla sua patria. Sean

Cullen, suo amico d'infanzia, ha osservato che anche adesso che è famoso e al centro dell'attenzione a livello internazionale, la cosa che diverte maggiormente Niall è tornare a casa e stare con i suoi coetanei, quelli con i quali è cresciuto. «Gli piace rimettere piede sul suolo irlandese», ha detto Cullen.

Durante i primi quattro anni di vita di Niall, la sua famiglia ha vissuto nel centro di Mullingar. Successivamente i suoi genitori si sono trasferiti in periferia, e poco dopo si sono separati. Questo periodo gli sconvolse la vita e tutti gli Horan ne soffrirono. Quando avvenne la separazione Niall era piccolo, e comprese perciò solo vagamente le implicazioni pratiche ed emotive che ne sarebbero derivate.

Nei primi tempi rimase con la madre, in seguito si trasferì dal padre, la cui casa era più comoda essendo vicina alla scuola. I primi ricordi di Niall risalgono al tempo in cui giocava in strada con il fratello maggiore e altri ragazzi. Non erano sempre rapporti armoniosi, poiché Niall era la quintessenza del fratellino minore: non solo aveva meno anni, ma era più basso del normale per la sua età, il che aggravava la sua apparente vulnerabilità.

Tuttavia, questo non gli impedì di colpire il fratello Greg con una racchetta da ping pong, facendolo sanguinare. Da bambino, i suoi giocattoli preferiti erano un piccolo trattore, che faceva scendere e risalire sulla strada, e alcuni oggetti di tipo militare (un elmetto e un'enorme pistola giocattolo). Un anno, per Natale, ebbe in regalo una pista per automobiline: «Avrò avuto quattro o cinque anni quando ricevetti la Scalextric: probabilmente il più bel regalo che abbia mai avuto», ha raccontato a Capital Radio. In famiglia avevano una vaschetta con due pesciolini rossi chiamati Tom e Jerry. Purtroppo, dato che Greg dava loro troppo da mangiare, morirono, e fu un'esperienza terribile per tutti. Tra i due fratelli le tensioni erano all'ordine del giorno. Niall sostiene che per molti anni si sono «odiati a vicenda», anche se oggi si vogliono bene.

Altri ricordi d'infanzia sono legati agli svaghi con il piccolo trattore, a un viaggio con la famiglia per una vacanza a New York e alle lacrime il primo giorno di scuola, anche se non ci mise molto a ritrovare la fiducia in se stesso, per diventare poi un alunno molto estroverso. Amava divertirsi e chiacchierare; ricorda che «parlava molto durante le spiegazioni in classe», anche se cercava di non finire nei guai, tranne forse in un'occasione, in cui marinò la scuola per una giornata intera facendo scoppiare un finimondo.

Le sue materie preferite erano francese e geografia,

mentre gli piacevano meno inglese e aritmetica. Una parte dell'impegno scolastico consisteva nei compiti a casa, e questa era la cosa che gli risultava più sgradita. Uno dei compagni di classe prediletti era un certo Nicky, e sapete come diventarono amici? Successe quando Nicky scoreggiò durante una noiosissima lezione di geografia, e la puzza ruppe la monotonia generale. Allora Nicky non poteva sapere che la sua inopportuna marachella avrebbe dato il via a un'amicizia con colui che sarebbe diventato una pop star internazionale. Un'eruzione con conseguenze notevoli...

Nel frattempo l'amore di Niall per la musica – la chiave che gli avrebbe aperto le porte della fama a livello mondiale – stava crescendo. Subito dopo l'inizio della scuola imparò a usare il registratore, e da qui presero il via gli sviluppi musicali successivi. La prima persona a notare il suo talento vocale fu la signora Caulfield, l'insegnante di canto alle elementari. Avendo sentito la sua bella voce durante le funzioni natalizie, lo propose per il coro cittadino. All'epoca aveva otto anni e anche la famiglia aveva già notato il suo amore per la musica. Una volta, mentre era in gita a Galway con una zia, seduto sul sedile posteriore dell'auto, aveva intonato un motivo di Garth Brooks, un cantante confidenziale. La modulazione del canto era talmente perfetta che la zia gli disse che sembrava avesse acceso la radio: da quel momento fu certa che il nipotino sarebbe diventato una star del pop.

Niall ha poi saputo che un'esperienza analoga in auto era accaduta da bambino a Michael Bublé, e la coincidenza, oltre a rallegrarlo, l'ha indotto a studiare le carriere degli altri artisti. Ancora non poteva sapere però che un giorno avrebbe incontrato il suo mito. La carriera di Bublé è una fonte di ispirazione per Niall, che ha studiato anche la vita e la musica di Frank Sinatra. Il nostro giovane idolo sostiene che senza l'esempio di Sinatra non sarebbe diventato un cantante. Colpisce pensare che anche Niall, che è oggi fonte d'ispirazione per tante persone, abbia preso spunto a sua volta da altri artisti. Tra l'altro, sogna da sempre di cantare in duetto con Justin Bieber, per lui un vero punto di riferimento; e, visto fin dove è arrivato, la prospettiva non appare affatto improbabile.

Due anni dopo l'inserimento nel coro cittadino, Niall allargò il ventaglio dei suoi interessi aggiungendovi l'impegno di attore. «Ho sempre cantato e, quando avevo circa dieci anni, interpretai Oliver Twist nel musical, prodotto dalla scuola; ricordo soltanto che sul palcoscenico mi sentivo benissimo», ha detto. Oltre a cantare e a recitare, stava imparando a suonare la chitarra. I suoi motivi sono diventati parte integrante del suo contributo agli One Direction. A dodici anni poteva già ritenersi un chitarrista provetto. «Ha imparato seguendo le lezioni su internet», racconta il padre Robert. Ormai padrone della voce e della tecnica dello strumento, Niall partecipò ad alcuni talent show. Tra i motivi che preferiva presentare c'erano *I'm Yours* di Jason Mraz, *Last Request* di Paolo Nutini e *The Man Who Can't Be Moved* dei The Script. A volte entrava in gara insieme con l'amico Kieron, che accompagnava la sua voce con un limpido suono di chitarra.

Il loro duo era impressionante. Il primo talent show a cui parteciparono era a carattere locale. Niall aveva tredici anni, ma i media della zona lo notarono subito, offrendogli un assaggio di quello che significa essere famosi nel momento in cui gli articoli e le fotografie che lo ritraevano cominciarono a infittirsi. Gli sembrava strano, ed eccitante, veder stampati il suo nome e la sua faccia, e quando si rese conto della reazione di amici e famigliari si sentì pieno di orgoglio. Subito dopo prese parte a un altro evento canoro, che lo vide vincitore, dove cantò *With You* di Chris Brown. Il trionfo lo convinse che avrebbe potuto avere un futuro da cantante professionista. I media locali dovettero poi occuparsi della sua partecipazione a uno spettacolo regionale, del genere di *Stars in Their Eyes*, presso l'Arts Centre di Mullingar. L'esperienza gli piacque molto e la sua autostima crebbe. Che avesse ragione la zia? si chiedeva. Era destinato a diventare un idolo della canzone, proprio come i suoi eroi?

Ben presto gli chiesero di aprire il cartellone per le esibizioni di altri artisti. Una volta cantò prima di Lloyd Daniels, un finalista dell'edizione 2009 di *The X Factor*. Colpito dal successo del giovane gallese, Niall gli disse che aveva intenzione di partecipare in prima persona allo show. Daniels avrebbe in seguito affermato che fu lui a incoraggiarlo, anche se il nostro sostiene che le cose andarono diversamente: per quanto ricorda, Lloyd non sembrò affatto contento nel conoscere le sue intenzioni.

Oltre a esibirsi in pubblico, Niall adorava ascoltare la musica e una delle sue band preferite erano i Westlife. Poi divenne un ammiratore di Justin Bieber, per non parlare dei Jonas Brothers, per i quali stravede: «Sono una leggenda», dice. Mentre ascoltava le loro prodezze vocali non poteva immaginare che un giorno avrebbe conosciuto queste due star della musica e che, se le cose procederanno di questo passo, non faticherà a emularne il successo.

Per quanto riguarda la vita sentimentale, le sue opportunità sono forse state inferiori a quelle degli altri membri degli One Direction, ma non gli sono mancati alcuni incontri con l'altro sesso. Ha dato il primo bacio a undici anni: lei era una ragazzina straniera che partecipava a un programma di scambi studenteschi. Veniva dalla Francia e alloggiava presso la famiglia di un amico di Niall. In seguito, si prese le immancabili cotte per attrici dalle forme procaci, fra le quali Jennifer Lopez: «Chi riesce a trattenersi davanti al suo culo?» ha commentato.

Verso i tredici anni ha avuto una fidanzatina, precisando però che non era né una cosa seria, né a lungo termine. «Non è che la sera avessi molti appuntamenti», ha rivelato alla rivista *Now*. «Mi piace stare in casa, rilassarmi e magari guardare un film.»

Altri momenti memorabili della sua infanzia sono quelli relativi alle partite di calcio nel campetto della scuola, oltre alle infinite varianti nello stile della capigliatura, una cosa che oggi lo fa inorridire. Beh, nessuno di questi passatempi ha mai fatto danni a David Beckham... I genitori hanno così riassunto il suo atteggiamento: «È un ragazzo spensierato. Una cosa è certa, si impegna a fondo nel canto, è molto determinato», ha detto la madre Maura. «Canta a colazione, a pranzo e a cena.» Spensieratezza è la parola giusta per lui: chi è felice canta. Eppure, esistono alcune cose che turbano la sua naturale allegria. Per esempio i piccioni, che se la presero con Niall quando, rispondendo a un richiamo fisiologico, si trovò a vivere un'esperienza che spaventerebbe chiunque. «Non li sopporto, perché una volta uno di questi uccelli entrò dalla finestra del bagno e mi assalì mentre facevo pipì. Pazzesco! Credo che i piccioni mi abbiano scelto come bersaglio», ha confessato al *Sun*. Ma in fondo, perché dovrebbero essere diversi dai milioni di fan degli One Direction?

Robert, il padre, rivela inoltre che Niall aveva precocemente mostrato anche altre abilità di intrattenimento. «Il mondo dello spettacolo lo ha sempre interessato», ha detto all'*Irish Independent*. «A parte cantare canzoni, ha trascorso l'infanzia a imitare gli altri. Lo sa fare molto bene, avrebbe potuto essere un attore comico di tutto rispetto se non avesse intrapreso la strada del canto. È in grado di imitare qualsiasi dialetto.» Fra i componenti degli One Direction, Niall è spesso il più allegro e divertente. Le sue stramberie sono diventate un elemento ricorrente; quando la band è in tournée e deve lavorare duro, è la sua allegria a tenere alto il morale.

Tuttavia, se serve, Niall sa essere molto serio. Non fatevi ingannare dal suo volto sbarazzino: il suo spirito è di ferro, come le sue ambizioni. Prima di presentare la domanda per l'audizione a *The X Factor* e dopo aver visto il successo ottenuto da Joe McElderry, il giovane vincitore della sesta edizione, pareva già sapesse che ne avrebbe fatta di strada... Al punto che, sebbene stesse uscendo con una ragazza da lui definita «strepitosa», decise di rompere la relazione poco prima delle audizioni, sicuro che la sua vita sarebbe cambiata dal giorno alla notte. «Dovevo concentrarmi sulla carriera», ha detto in seguito.

La madre Maura ha lasciato trapelare qualcosa del rapporto di Niall con la ragazza. «Aveva già la ragazza quando ancora andava a scuola, prima delle audizioni a *The X Factor*», ha rivelato all'*Herald*. «Ma allora Niall era impegnato nei provini e lei aveva gli esami, e per lui la vita era cambiata. Non so se la vede granché quando è a casa; lei è carina, ma avevano solo sedici anni quando stavano insieme, e si sa che a quell'età non c'è niente di stabile.» Il fatto che avesse deciso di lasciarla dimostra che Niall non partecipava alle audizioni con leggerezza; puntava dritto all'obiettivo, anche economico. Detto ciò, non bisogna dimenticare che aveva avuto il buonsenso di predisporre anche altri progetti nel caso avesse fallito con il talent show. Di recente ha conseguito il diploma delle superiori a Coláiste Mhuire e ha intenzione di iscriversi alla facoltà di ingegneria civile. Ma è improbabile che nel prossimo futuro possa riuscirci. Al momento, il bell'irlandese ha cose più importanti da fare.

5

LIAM PAYNE

La qualità principale che ha indirizzato finora il corso della vita di Liam è la determinazione. Non di un tipo qualsiasi, però, bensì quella intrepida, una fermezza d'acciaio. Liam sa divertirsi ed essere dolce al momento giusto, ma non permetterà mai che qualcosa gli intralci il cammino quando vuole raggiungere i suoi obiettivi. Questo atteggiamento è dovuto anche al fatto che, come molte persone famose, lungo la strada che lo ha condotto alla vetta ha subìto numerose battute d'arresto. La sfida e l'ostacolo più significativi sono stati fin all'inizio il suo «nascere morto», come lui lo definisce: dopo il parto, i medici dovettero intervenire per rianimarlo, e iniziare l'esistenza in questo modo non è certo l'ideale.

Era il 29 agosto 1993 quando Liam venne alla luce, prematuro di tre settimane, e successivamente ebbe diversi problemi di salute, soprattutto nei primi quattro anni. La cosa più grave che dovette affrontare fu il malfunzionamento congenito di un rene, patologia che capita in un caso su settecentocinquanta, e che causa non poche complicazioni al neonato.

Al momento della nascita i medici, non ottenendo alcuna reazione del piccolo, temettero fosse nato morto. Per fortuna sopravvisse, anche se per anni ha dovuto sottoporsi a visite di controllo. Nei primi tempi non si capiva perché continuasse ad ammalarsi, e Liam doveva recarsi spesso in ospedale per esami e ricoveri, finché si individuò il problema che stava alla base di tutto. Dopo alcuni anni, infatti, si scoprì che i disturbi dipendevano da un rene. Liam, pur possedendo entrambi i reni, ne aveva solo uno perfettamente funzionante, e nel corso degli anni quello malato si era ulteriormente aggravato, al punto che ormai non c'erano più speranze di salvarlo.

Così a Liam fu comunicata la sentenza, secondo la quale avrebbe dovuto sottoporsi a continue cure: si può immaginare come una simile prospettiva possa gettare un bambino nella disperazione. In una delle fasi del trattamento, gli venivano praticate non meno di trentadue iniezioni endovenose ogni mattina e ogni sera, una terapia lunga e dolorosa. Chiunque sia stato sottoposto a un simile trattamento non vede l'ora che le cure finiscano e vengano dimenticate, e desidera soltanto essere normale, come tutti gli altri. Ciò nonostante, Liam riuscì a vivere quel periodo con il sorriso sulle labbra per gran parte del tempo; la madre ricorda che gli piaceva ballare nel salotto al ritmo della sigla di *Noddy*, una serie televisiva per bambini.

Successivamente i trattamenti divennero meno frequenti, e l'esistenza di Liam assunse un assetto più normale. A causa del rene malato è importante che conduca una vita salutare: per esempio, non deve bere troppi liquidi, deve persino razionare l'acqua. Liam ha preso sul serio queste regole e ancora oggi le mette in pratica in tutto quello che fa, preoccupandosi costantemente della propria salute per poter condurre una vita lunga e sana.

La sua prima scuola fu l'asilo di Collingwood, sulla strada omonima di Bushbury, vicino a Wolverhampton. Nessuno ha dimenticato la sua vivacità: era arrivato da pochi giorni e già si era messo in un mucchio di guai. Entrava e usciva dall'ufficio della direttrice dopo aver commesso ogni birichinata possibile. Gli piaceva soprattutto giocare con l'acqua, e si arrampicava sul tetto per recuperare i palloni calciati lassù da giocatori troppo esuberanti. Anche se in queste occasioni sembrava un diavoletto, quando era in classe sapeva concentrarsi. La sua materia preferita era scienze.

Già alle elementari iniziò a sviluppare la passione per la musica e il canto, che gli avrebbero cambiato la vita per sempre. A cinque anni aveva fatto la sua prima esibizione in pubblico. «Mi è sempre piaciuto cantare, del resto lo facevo spesso, fin da quando, in campeggio, imparai a usare il karaoke abborracciando le parole di Robbie Williams in *Let Me Entertain You*», ha raccontato. I primi tentativi non erano certo perfetti, ma Liam si divertiva ed era lusingato dalle reazioni che suscitava, e ciò lo indusse a voler affinare le sue qualità vocali. La madre non era affatto preoccupata per le imperfezioni delle esecuzioni; anzi, era talmente orgogliosa che filmava queste esibizioni, benché ancora approssimative. Liam ha anche detto di aver eseguito al karaoke *I Believe I Can Fly* di R. Kelly.

In famiglia era molto amato. Prima di lui, suo padre Geoff e la madre Karen avevano messo al mondo due figlie, Nicola e Ruth. Anche le bambine adoravano cantare. Nicola è la più grande e, nei confronti di Liam, per gli atteggiamenti che assumeva era una figura autorevole, una sorta di piccola mamma. Essendo il minore,

Liam ha le caratteristiche dell'«ultimo arrivato». Gli psicologi che studiano l'effetto della gerarchia di nascita affermano che gli ultimi nati sono caratterizzati da alcuni aspetti peculiari: un fascino eccezionale, un forte desiderio di essere al centro dell'attenzione e una creatività decisa, pur essendo però dotati di minore ambizione e capacità organizzativa. Si dice anche che siano molto ribelli e abbiano la tendenza a correre rischi.

Cosa possiamo riscontrare in Liam di tutto ciò? Il suo fascino è innegabile e, oltre al bell'aspetto, ha un carisma che gli arriva dal fondo dell'anima. Per quanto riguarda il desiderio di essere al centro dell'attenzione, glielo si riconosce solo in parte: è evidente che non si sente a disagio sotto i riflettori e davanti alle telecamere, ma nelle situazioni di normale interazione sociale appare timido e introverso. Molti lo hanno già definito il membro più schivo degli One Direction. Ma è anche un ribelle e un creativo amante del rischio? Da quel che si può vedere, la risposta è affermativa, mentre la mancanza di ambizione non è certamente una sua caratteristica. Più degli altri componenti della band, Liam ha stabilito un obiettivo preciso da raggiungere, e su questo si concentra da anni.

In effetti, è talmente ambizioso che, prima di dedicarsi alla musica, aveva individuato parecchi obiettivi.

Le potenziali carriere cui aveva pensato avevano a che fare con le sue inclinazioni sportive: provò a entrare nella squadra di calcio della scuola, ma fallì, quindi decise di cimentarsi nell'atletica. Il primo tentativo fu la corsa campestre: con sua grande soddisfazione, si divertì e arrivò primo assoluto.

La vittoria fu tuttavia amareggiata da un'accusa di scorrettezza, piuttosto ingiusta, che gli era stata mossa. Di fatto, avendo rivaleggiato contro uno dei migliori atleti della regione, gli spettatori non si capacitavano che Liam, un neofita, lo avesse battuto. La settimana successiva dovette concedergli la rivincita, e di nuovo vinse lui: ormai non c'erano dubbi sulle sue qualità di corridore. L'esercizio fisico si trasformò quindi in un'attività frenetica: Liam lo amava per la sensazione di libertà all'aria aperta e quella di sentirsi in forma, per il gusto della vittoria e la naturale esaltazione alla fine di ogni corsa. Fu così che si iscrisse al circolo di atletica Wolverhampton & Bilston. Era proprio deciso a correre; spesso si alzava alle sei del mattino per un allenamento di una decina di chilometri prima di andare a scuola, più altri tre che faceva nel tardo pomeriggio.

L'addestramento fruttò le ricompense sperate. A dodici anni Liam era già un atleta provetto, un corridore di tale livello che fu inserito nella squadra degli allievi diciottenni. Ed eccolo qui, ancora adolescente, in grado di competere con ragazzi quasi maggiorenni. Nel frattempo, continuava a misurarsi con gli iscritti al suo circolo e per tre anni di fila si guadagnò il podio della gara dei 1.500 metri nella sua categoria. Lui stesso ammette che quei risultati erano «straordinari». Era così bravo che poco mancò che lo convocassero per la nazionale di atletica. Se lo avessero fatto, oggi forse non lo ammireremmo come componente degli One Direction, ma lo avremmo applaudito come atleta ai giochi olimpici di Londra 2012.

La corsa era comunque soltanto una delle diverse attività sportive a cui si dedicava. Durante le abituali vacanze con la famiglia negli Stati Uniti si appassionò al basket. Entrò in una squadra locale, ma fu preso di mira da alcuni ragazzi più grandi, invidiosi dell'elegante corredo di Liam in stile americano. Ben presto questi episodi di bullismo superarono il livello delle parolacce e il nostro ne fu spaventato al punto da parlarne in famiglia. Dato che in quel periodo una delle sue sorelle usciva con un ex pugile, suggerirono a Liam di imparare la boxe, ritenendo che in tal modo i bulli ci avrebbero pensato due volte prima di aggredirlo.

Spesso gli sport che prevedono il contatto fisico sono sconsigliati alle persone con disturbi renali, ma nel suo caso fu concessa l'autorizzazione. In palestra non c'erano mezze misure: uno dei primi combattimenti di Liam all'età di dodici anni, anche se di allenamento, fu con un atleta trentottenne. Non ci deve quindi stupire se le sue prime esperienze furono alquanto destabilizzanti. Liam tornava a casa pieno di lividi, una volta con il naso rotto e un'altra con un timpano perforato, ma tenne duro, andando a volte ad allenarsi anche tre pomeriggi la settimana.

Oltre alle abilità nella lotta, stava crescendo in lui la cosa più importante per cui era andato a praticare quello sport: la fiducia in se stesso. I bulli continuarono a trattarlo male per un po', inseguendolo una volta fino in strada: erano doppiamente vigliacchi, dato che erano più grandi di lui e agivano in gruppo. Quando perse la pazienza, Liam ebbe una disputa con uno di loro e, grazie al pugilato, lo stese. Il fatto gli fece passare un sacco di guai a scuola, dove fu persino minacciato di espulsione. Aveva però dimostrato a tutti che non lo si poteva facilmente intimidire.

Benché non fosse stato accettato nella squadra della scuola, un altro sport che Liam amava molto, sia da giocatore sia da tifoso, era il calcio. Dalle partitelle nell'intervallo per il pranzo ai pomeriggi nello stadio per ammirare il West Bromwich Albion, è sempre stato un grande appassionato.

Quando la sua squadra del cuore vinse il campionato, partecipò all'invasione di campo dei tifosi per celebrare l'evento, che lui ricorda per la sua eccezionalità. Inoltre, apprezzava molto le lezioni di educazione fisica: anzi, ci si divertiva tanto che gli suggerirono di diventare insegnante di questa materia, cosa che suscitò in lui un certo interesse.

Liam sembrava sempre pensare all'avvenire. Pur godendosi l'infanzia e l'adolescenza, teneva gli occhi aperti sul futuro. C'erano altre strade e carriere da prendere in considerazione, fra le quali l'apprendistato nella fabbrica aeronautica dove lavorava il padre. A Liam sembrava che lì avrebbe potuto giocare continuamente a una sorta di gigantesco Lego, ma il papà lo disilluse, spiegandogli che era un lavoro duro. Forse potrei fare il pompiere, pensava Liam nei suoi voli di fantasia. Oppure immaginava di diventare un uomo d'affari di successo. Dopo aver visto *Dragon's Den*, la serie televisiva della BBC, era così affascinato dagli imprenditori che avviò un'impresa: comprava grandi scorte di dolciumi che rivendeva a scuola confezionati in pacchettini, traendone un guadagno. I draghi del programma televisivo ne sarebbero stati impressionati:

il giovane Liam riusciva a incassare fino a cinquanta sterline la settimana.

In realtà, queste esperienze commerciali hanno ulteriormente consolidato le sue convinzioni sul modo in cui i giovani dovrebbero condurre l'esistenza. E ciò non è lontano da certe opinioni politiche. «I ragazzi dovrebbero impegnarsi a scuola e ottenere le qualifiche necessarie», ha detto al *Sunday Times*. «Non si può stare senza far niente. Occorre darci dentro e far accadere le cose, magari vendere oggetti su eBay.» Liam non è l'unico membro degli One Direction a pensarla così, a privilegiare cioè l'impresa privata. Anche Harry si è espresso in termini analoghi; parlando dei giovani, ha detto: «Dovrebbero diventare imprenditori, crearsi un'attività da soli, avviare un'azienda».

Nel frattempo Liam ha sperimentato diverse acconciature: tre volte la rasatura a zero, un taglio a strisce, e ciò che lui definisce il «grande fungo». Poi si è stabilizzato nella popolare frangetta. Crescendo, ha iniziato ad avvertire l'attrazione del mondo femminile, e già a undici anni aveva dato il primo bacio. «È stato con una ragazzina di nome Vicky, molto graziosa», ricorda. «Roba buona, ottimo inizio precoce.» Però non scorda neppure Charnelle, che gli mandava lettere d'amore. Aveva due anni più di lui, e quando uscivano insieme si sentiva grande. Nessuna delle due sapeva di avere a che fare con un ragazzo che sarebbe diventato famoso, l'idolo di tutte le ragazze del pianeta.

Poi Liam s'infatuò davvero di una certa Emily, chiedendole per una ventina di volte di uscire prima che cedesse. Per arrivare a tanto, dovette cantare per lei: scelse *Let Me Love You* di Mario, un cantante statunitense. «Il giorno dopo mi piantò perché si era sentita costretta per via della canzone.» Le sue ammiratrici attuali, che sono milioni, rimarranno sorprese nell'apprendere che Liam, prima di diventare celebre, è stato sfortunato in amore. Talvolta gli amici gli raccontavano che piaceva a una determinata ragazza e, solo dopo averle chiesto di uscire, scopriva di essere stato preso in giro. «Una cosa mortificante», ammette. Il *Sunday Times* gli ha chiesto quando ha fatto l'amore per la prima volta: «Non ricordo», è stata la sua diplomatica risposta.

Nello stesso periodo la musica gli riempiva la vita. L'esibizione alle elementari con *Let Me Entertain You* ha rappresentato l'inizio di un amore per le melodie cantate. Non ci sono dubbi che a Liam piacesse ascoltare soprattutto le canzoni di Robbie Williams e degli Oasis: i testi di questi ultimi ben si accordavano con la sua visione della vita. *You've Gotta Make It Hap-*

pen (Devi farlo accadere) cantano gli Oasis in una delle loro incisioni, e lui sottoscriveva. Mentre ascoltava, si esercitava a modulare la voce, e già dal nono anno di scuola entrò nel coro scolastico dove ebbe spesso la possibilità di esibirsi in pubblico, un'esperienza che gli fu molto utile. Una volta, all'unisono con i cori di altri istituti scolastici – evento da primato mondiale – fu cantata *Lean On Me* di Bill Withers.

Liam non riusciva proprio a smettere di cantare. Durante le gite in auto con la famiglia si sgolava per passare il tempo e, una volta tornati a casa, si metteva un paio di occhiali da sole e cantava seguendo il CD degli Oasis del padre. Dimostrando di avere già un dono particolare per gli atteggiamenti da star, imitava Liam Gallagher, il leader della band: mani dietro la schiena, collo piegato e viso rivolto in alto. In quelle occasioni il nostro Liam sperimentava le sensazioni che avrebbe provato nel tenere un concerto di fronte a migliaia di fan. Un altro personaggio fonte di ispirazione è Usher, il cantante americano che contribuì a lanciare la carriera di Justin Bieber e a cui Liam, all'inizio della sua, sarebbe stato paragonato.

Sempre attento a migliorare il livello dei suoi interessi, a dodici anni Liam si unì a un gruppo di arti sceniche, chiamato Pink Productions. La sua insegnante era Jodie Richards, che ricorda così gli incontri con il nostro: «Quando venne da noi era ancora timido; dopo aver assistito alle esibizioni delle sue sorelle con il nostro gruppo, voleva cantare anche lui», ha detto all'*Express & Star*. Lei non ha mai dubitato del suo talento, ma era altrettanto certa che avesse bisogno di un'iniezione di fiducia: «Chi avrebbe mai detto che il Liam che vediamo oggi andava quasi spinto a forza sul palco? Era evidente, molto evidente, che aveva un talento naturale». Aggiunge poi che la sua autostima cresceva dopo ogni spettacolo, e che affrontò alcuni «pezzi impegnativi». Riguardo al suo carattere, lo definisce un «ragazzo cordiale e amabile», dichiarandosi «molto orgogliosa» di conoscerlo.

Liam non perdeva occasione per esercitarsi ovunque con il karaoke. Lo fece in America, in Inghilterra, in Spagna e in Portogallo, compiendo quasi una tournée mondiale in questo tipo di esibizioni ancor prima che si formassero gli One Direction. Furono questi e altri tentativi a perfezionarne il talento; migliorarono la sua voce e la sua presenza scenica. (Rispetto agli altri componenti degli One Direction, durante la prima audizione per *The X Factor*, nel 2010, è stato il più bravo come capacità di stare sul palco.) Questa sicurezza si era affinata negli anni precedenti grazie alle continue esibizioni.

Inoltre, ascoltava i consigli e interpretava le reazioni altrui. Quando entrò nello show per la prima volta nel 2008, gli amici lo presero in giro, anche se bonariamente. In fondo, gli auguravano ogni bene. Avvicinandosi la data fatidica, Liam era sempre più teso, ma intendeva riuscire a ogni costo: «Tutti mi dicevano che ero un ottimo cantante, così tentai la sorte e feci il provino per *The X Factor*».

Per un ragazzo che sarebbe diventato un idolo internazionale, va detto che per la prima apparizione in TV Liam scelse un abbigliamento «interessante»: indossava una camicia troppo grande, con un ridicolo colletto enorme, e un panciotto. Anche i jeans erano di una taglia sproporzionata, e aveva dovuto usare l'ultimo buco della cintura per non farli cadere. Inoltre aveva una scarpa con la suola bucata e, anche se gli spettatori non potevano saperlo, questo fatto, durante le ore di attesa prima di cantare davanti a Simon Cowell, Cheryl Cole e Louis Walsh, lo aveva messo in uno stato di disagio.

Questa combinazione di vestiario, però, non intaccò minimamente la sua determinazione e, quando arrivò nella sala delle audizioni, Liam era molto composto e sicuro di sé. «Sono qui per vincere», disse ai giudici, lanciando subito il guanto di sfida. «Un sacco di gente mi ha detto che sono un bravo cantante, che possiedo il fattore indefinibile che ci vuole, anche se non so cosa sia questa 'X', forse lo sapete voi.» Una frase d'approccio equilibrata e astuta. Cowell in particolare stima le persone ambiziose, mentre non ama gli illusi e i disperati. Liam si era presentato bene, anche se in seguito avrebbe confessato che, all'inizio dell'esibizione, era nervoso. Poi si calmò e cantò *Fly Me to the Moon*, facendo schioccare le dita a tempo e, a un certo punto, strizzando persino con insolenza l'occhio a Cheryl Cole, che apprezzò e ricambiò il gesto.

Tutto sommato era stata un'esibizione più che adeguata. Prima del verdetto, Liam si chiedeva soprattutto quale sarebbe stata l'opinione di Cowell. Infatti, temeva il giudice-capo e moriva dalla voglia di ricevere il suo ambitissimo assenso.

È risaputo che Simon non è tipo dall'elogio facile, ma fu proprio lui a prendere la parola per primo, dicendo che aveva intravisto in Liam delle «potenzialità», pur avvertendo una certa mancanza «di coraggio, di forza emotiva». La Cole disse di gradire Liam e, contrapponendosi a Cowell, aggiunse di essere stata impressionata dal suo «carisma». Anche Walsh era rimasto affascinato dal giovane: «Credo che possa fare davvero bene», disse.

A quel punto riprese la parola Cowell che, rivolgendosi al ragazzo, disse: «Sei giovane e carino, piacerai alle persone», aggiungendo però che per lui «mancava ancora un venti per cento». Fu allora che emerse la sicurezza di Liam: invece di abbattersi per l'osservazione, colse al volo l'occasione: «Bene, mi dia la possibilità di un'altra audizione e le dimostrerò di avere quel venti per cento», esclamò. La Cole fu visibilmente colpita dalla risposta audace, formulata con il giusto equilibrio di educazione e sicurezza. Al momento del voto i tre giudici si espressero per il «sì»: Liam ce l'aveva fatta! Uscì dalla sala e venne assalito dai famigliari.

In seguito, ha dimostrato il suo carattere adulto continuando a usare la critica di Cowell in senso costruttivo, così come era stata formulata. «[Le parole di Cowell] mi hanno fornito qualcosa su cui lavorare, va bene così», disse. Viste le reazioni al momento del verdetto (broncio, crisi di nervi) di tanti partecipanti più grandi di lui, l'atteggiamento tenuto da Liam sorprende per la sua maturità.

La fase successiva dello spettacolo prevedeva il boot camp. Qui Liam ebbe la possibilità di conoscere molte altre giovani speranze; l'istinto lo spinse a ritenere che, per le sue ambizioni, era meglio se chiacchierava un po' con tutti, e si rivelò un mediatore nato: «La gente crede che sia solo una gara tra cantanti, ma è molto più di questo», ha raccontato poi, spiegando quanto avesse apprezzato l'esperienza, specie per l'opportunità di trovare nuovi amici.

Poi cantò sul palco davanti alla giuria e tirò fuori tutto quello che aveva. I giudici ne furono impressionati: «Molto convincente, molto professionale, e hai solo quattordici anni», disse Walsh. «Liam, sei un outsider vincente», aggiunse Cowell, suscitando in lui un sorriso fiero e timido. In seguito, i concorrenti si riunirono per il primo temutissimo verdetto del boot camp. Aspettando di sapere se erano sopravvissuti, molti erano ansiosi, mentre Liam era «sicuro di sé».

Il suo istinto aveva nuovamente azzeccato: gli dissero che aveva superato anche questa fase e che doveva affrontare la successiva. Di quella giornata ricorda che era «più nervoso»: doveva cantare un pezzo di Elton John, *Your Song*. Ci mise passione, emozione e teatralità, poiché voleva che la giuria vedesse tutta la gamma delle sue abilità, mostrando a Cowell di aver trovato anche «il venti per cento mancante». Alla fine del pezzo lasciò il palco, aspettando che i giudici decidessero. Cowell comunicò subito ai colleghi: «Mi piace».

Siccome il parere di Cowell pesa sempre molto, i telespettatori si convinsero che Liam avrebbe avuto facilmente accesso alla fase seguente, quella importantissima nella casa dei giudici. Le cose però non furono così semplici, e la prima di una serie di difficoltà avrebbe ben presto depresso l'inconsapevole Liam. I concorrenti vengono infatti chiamati a gruppetti sul palco, dove si allineano e ascoltano i giudici che comunicano se possono accedere alla fase successiva o se devono tornare a casa. Di solito, in questa fase i giudici creano di proposito la suspense; uno dei loro trucchetti consiste nel dire al cantante: «Ci sono cattive notizie», facendo una lunga, angosciosa pausa, prima di aggiungere qualcosa del tipo: «Dovrai sopportarci ancora un po', ce l'hai fatta!»

Mentre era allineato con i colleghi, Liam ascoltò attentamente le parole di Cowell, che disse: «Qualsiasi cosa accada, potrete camminare a testa alta», aggiungendo però subito: «Ci sono cattive notizie». Mentre lasciavano il palco, Liam si volse di nuovo verso i giudici, forse sperando in uno scherzo o in un ripensamento. Dietro le quinte, era sconvolto. Disse che pensava di aver fatto abbastanza per migliorare: «Mi sento come se mi avessero portato via qualcosa». Poi le telecamere mostrarono i giudici che cambiavano idea su di lui:

«Ve lo dico io, credo che questo ragazzo abbia delle possibilità», esclamava Cowell. E fu lui a decidere di far comunque avanzare Liam alla fase successiva. «Ve lo garantisco, è la decisione giusta.» Gli altri ragazzi lo accettarono volentieri.

Un produttore del programma si avvicinò a Liam per dirgli che i giudici gli chiedevano di tornare in scena. Era turbato. Aveva seguito le edizioni degli anni precedenti e sapeva che potevano avvenire dei «ripensamenti clamorosi» per aumentare la suspense. Pur sperando di essere riammesso allo show, non aveva certezze. Appena apparve Liam, Cowell ruppe il silenzio con un po' di imbarazzo: «Di solito non lo faccio, ma è stata una decisione controversa». Il ragazzo lo interruppe per difendere la propria causa: «Voglio andare fino in fondo, Simon».

«Lo so», replicò Cowell. «L'altra cosa che voglio dirti è: abbiamo cambiato idea.» Liam ne fu talmente sconvolto che per la gioia cadde in ginocchio sul palco. «Sarei stato un pazzo se me ne fossi andato da qui senza averlo fatto», aggiunse Cowell. Un fatto eccezionale: Liam era stato richiamato! Aveva già telefonato a casa per comunicare a tutti la sua esclusione, quindi, quando ritelefonò per dire che avrebbe partecipato anche alla fase nella casa dei giudici, i famigliari non gli credettero subito. «Dico sul serio, non mi hanno eliminato! Sono più che serio», esclamò. Una giornata sulle montagne russe, ecco cos'era stata. Poi ci fu il momento commovente dei colleghi che si congratulavano con lui: nella fase del boot camp non si era guadagnato solo l'approvazione della giuria!

Dalla delusione passò ai preparativi per il viaggio alle Barbados, dove avrebbe nuovamente cantato davanti a Cowell, nella casa dei giudici. C'era da impegnarsi e lavorare sodo, lo sapeva bene, ma sapeva anche che, se avesse superato quella fase, lo attendevano le esibizioni dal vivo. Il mentore della sua categoria era il suo giudice preferito, e ciò non poteva che dargli coraggio. La sua categoria era molto forte, includeva un irlandese dal volto sbarazzino (Eoghan Quigg) e altri concorrenti non da poco, come Austin Drage e Scott Bruton.

Alle Barbados, con Cowell c'era Sinitta, una sua vecchia amica. Lei si presentò davanti ai concorrenti con un costume da bagno dorato che non lasciava niente all'immaginazione. «Ma cosa ti sei messa?» protestò Cowell. Tutti scoppiarono a ridere, ma passarono subito alle cose serie. Chiesero a Liam se fosse nervoso, e lui rispose di sentirsi bene. Una nuova dimostrazione di maturità, considerata la sua età. Alle Barbados nel tempo libero giocava a basket e, come ha rivelato in seguito, gli sembrava di avere qualcosa in comune con Troy, il personaggio interpretato da Zac Efron in *High School Musical.* Come lui, stava cercando un equilibrio tra l'amore per il basket e quello per la musica. «La storia di *High School Musical* assomiglia alla mia», ha detto. Cantò una ballata dei Take That, *A Million Love Songs* e, come secondo pezzo, *Hero* di Enrique Iglesias. Aveva un vestito bianco e sembrava proprio un angelo del pop. Alla fine del suo numero Sinitta era estasiata: «Mi piace», disse. «Ha una faccia molto carina, e una voce bellissima.»

Dopo l'esibizione, Liam affermò che era certo di aver dato il massimo: «Sono felice, non potevo fare meglio». A quel punto, una lunga nottata attendeva Liam e gli altri concorrenti: lontani dalle loro orecchie, Cowell e Sinitta avrebbero ridotto i sei concorrenti rimasti ai tre che avrebbero avuto accesso all'esibizione dal vivo. Liam era completamente stordito. Ripensando a quegli eventi, ha detto che, dopo ogni fase che riusciva a superare, il suo desiderio non faceva che aumentare: «Continuavo a pensare: Ne voglio ancora, ne voglio ancora».

Infine giunse la decisione e Cowell gli disse: «Sembra che tu abbia quasi tutto per essere una perfetta pop star. Ho preso la decisione... ci sono cattive notizie».

Liam cercò nuovamente di perorare la sua causa, ma questa volta non c'era rimedio, era fuori. Cowell ammise con Holly Willoughby, la presentatrice di *The X Factor*, di avere «tergiversato a lungo», era quasi deciso a promuoverlo. In seguito, guardando lo spettacolo, Liam fu confortato vedendo che non ce l'aveva fatta per un pelo, anche se ancora non digeriva l'esclusione.

Tornò a casa per rimettersi in sesto. Cowell gli aveva consigliato di prendere la maturità, di continuare a lavorare sul canto e di ripresentarsi due anni più tardi. Liam si preparò seguendo le sue indicazioni. Aprì un sito web per farsi pubblicità e offrì la sua disponibilità per qualsiasi evento vocale in preparazione.

Non c'erano dubbi che avesse catturato l'attenzione del pubblico. Le ragazzine andavano in deliquio davanti alla sua bellezza, e la sua voce e la sua determinazione avevano impressionato un numero incredibile di telespettatori. Il giorno dopo che fu trasmessa in televisione la fase nella casa dei giudici, Lorraine Kelly lo invitò al programma mattutino di ITV per raccontare la sua esperienza a *The X Factor*. Parlando della visita alle Barbados, scherzò: «È andata bene finché mi sono bruciacchiato i piedi», precisando che era stato attento a mettersi la crema solare ma non gli «era mai capitato» che gli si scottassero i piedi.

Kelly gli chiese chi, secondo lui, avrebbe potuto vincere. La risposta che diede dimostra la sua sbalorditiva comprensione del mercato musicale. Quali probabili candidati alla vittoria Liam indicò la boy band degli JLS: «Attualmente non ci sono gruppi di colore che abbiano successo, c'è un vuoto di mercato in questo senso. Assomigliano ai Boyz II Men, e perciò riscuotono anche il favore internazionale». I JLS arrivarono secondi, ma il successo che hanno riscosso in seguito li ha resi in pratica i veri vincitori. L'allora quindicenne Liam aveva saggiamente e accuratamente calcolato le loro prospettive sulla base dell'interesse che suscitavano; non è eccezionale?

Tuttavia, la sua delusione per essere stato escluso era palpabile, e non poteva essere ignorata. «Ci sono andato vicino, è stata dura da accettare», confessò a Lorraine, la quale affermò di essere rimasta stupita dalla sua sicurezza in tutte le fasi della gara, ma lui si schermì attribuendola al semplice fatto che gli piace cantare: perché essere tesi quando si fa qualcosa di piacevole? Come in molte sue dichiarazioni, anche in quel caso diede prova di grande buonsenso. Disse anche che gli sarebbe piaciuto ripresentare la domanda per l'edizione 2009. (Si seppe poi che non sarebbe stato possibile, dato che il limite minimo di età era stato portato a sedici anni e lui, al momento dell'ammissione, ne avrebbe avuti ancora quindici.)

Comunque, progettava di tornarci prima o poi, sempre con la speranza di arrivare fino in fondo. Faceva notare che George Sampson, il vincitore dell'edizione 2008 di *Britain's Got Talent*, aveva perso due volte prima di raggiungere il successo. Per Liam era un incoraggiamento a proseguire. «Se ci vorranno due tentativi, ebbene li farò», disse. Paragonando la prima esperienza a *The X Factor* a un «programma preliminare di studi», riteneva che la seconda sarebbe stata l'esame finale. «Tutto quello che mi resta da fare», diceva riferendosi al secondo tentativo, «è superare l'esame.» L'avrebbe fatto, a vele spiegate e con buoni voti.

6

È ORA DI AFFRONTARE LA MUSICA!

The *X Factor* fin dal primo episodio, andato in onda il 4 settembre 2004, è stato oggetto di numerose critiche e controversie. Di recente è anche aumentata la concorrenza di trasmissioni analoghe che hanno tentato di scalzarlo dalla sua posizione privilegiata. Tuttavia, almeno nel momento in cui si stampa questo libro, *The X Factor* rimane ancora il più importante talent show britannico, in grado di accumulare introiti pazzeschi che vanno ad arricchire chiunque vi sia coinvolto. Certo, ha avuto i suoi alti e bassi, e ciò è in carattere con il tono «drammatico» che vuole infondergli lo stesso Simon Cowell il quale, pur promuovendo numerosi candidati, ha lasciato molti cadaveri lungo il cammino.

Oggi, può essere soprattutto orgoglioso di aver lanciato la carriera degli One Direction.

Questo programma è stato ideato, creato e lanciato da Cowell, che era diventato famoso, anche se in modo controverso, grazie a *Pop Idol*, una trasmissione che risale al 2001. Se in precedenza, al di fuori della ristretta cerchia dell'industria musicale inglese, era uno sconosciuto, acquistò subito visibilità nel ruolo del «cattivo» del programma: parlava con un acume e una schiettezza così brutali da diventare in breve la star dello spettacolo. Alcuni lo odiavano per la sua spietata sincerità, altri lo amavano proprio per questo, ma nessuno poté più ignorarlo. Dopo due edizioni di *Pop Idol* era già una celebrità a livello nazionale. La sua fama conquistò anche gli Stati Uniti, dove le sue sprezzanti stroncature in *American Idol* sconvolgevano i telespettatori, abituati ad atteggiamenti positivi e politicamente corretti.

Nel frattempo, in Gran Bretagna Simon godeva sempre di una vasta notorietà, e pensò di sfruttarla con un nuovo programma. Il ruolo di giudice in *Pop Idol* lo aveva reso famoso, ma le sue ambizioni finanziarie non avevano limiti, e così concepì *The X Factor*, una serie in cui non sarebbe stato soltanto giudice, ma anche produttore e conduttore. Dallo show sono usciti artisti del calibro di Leona Lewis, Alexandra Burke, G4, Olly Murs e JLS. Non sono mancati neppure i fallimenti, per esempio Steve Brookstein e Leon Jackson. Altri finalisti, come Joe McElderry, hanno zoppicato un po' prima di ottenere una certa fama, raggiunta di fatto nonostante la loro associazione con lo show che non grazie a esso.

Una delle differenze fondamentali tra *Pop Idol* e *The X Factor* che riguarda da vicino gli One Direction risiede nel fatto che, nel secondo, sono previsti provini anche per le band. In questo modo il programma assume connotazioni diverse. Tuttavia, per le band questo non semplifica le cose, dato che i reality televisivi sono spesso incentrati sulle vicende che accadono ai singoli concorrenti, e per una band può rivelarsi difficile creare attorno a sé l'interesse necessario. Anche se alcuni gruppi hanno avuto successo, come i già menzionati G4 e JLS, finiti secondi nelle rispettive edizioni, i gruppi di solito vengono eliminati nella fase dal vivo. Solo nell'edizione 2011 si è imposta una band, le giovani Little Mix. Il complesso era stato messo insieme nel corso di diverse puntate, sotto gli occhi dei telespettatori. Giudici e produttori ritennero che le ragazze, che avevano fatto le audizioni separatamente, avrebbero reso di più se riunite in una band. La stessa tattica sarà applicata per formare gli One Direction.

Ciascun componente del gruppo fece le audizioni come cantante solista nel 2010 e, come abbiamo visto, per alcuni di loro non era la prima esperienza nel programma. Il componente con la storia più significativa era naturalmente Liam Payne. Lo abbiamo lasciato che si leccava le ferite dopo la battuta d'arresto del 2008, ma deciso comunque a trasformare la delusione in un fatto positivo: presentare nuovamente la domanda e vincere la gara da solista. Desiderava sempre emulare i trionfi di Robbie Williams. Per fortuna, la sconfitta relativa del 2008 gli offriva una base dalla quale ripartire. Non si dava per vinto, anzi, era determinato a bussare di nuovo a quella porta. Non lo fermavano nemmeno le preoccupazioni di amici e famigliari, che temevano che un nuovo rifiuto potesse essere psicologicamente devastante.

Il giornalista di un quotidiano locale, che Liam incontrò nel periodo di preparazione alle audizioni del 2010, ha descritto così il modo in cui aveva rinnovato la sua immagine: «Sembrava più una star, con un top alla moda rock, jeans attillati e un'acconciatura curatissima». Liam si era dato molto da fare tra le due audizioni, a livello sia scolastico sia musicale. Aveva superato undici materie per l'ammissione al diploma della St Peter's Collegiate School, per poi studiare tecnologia musicale al campus di Paget Road del Wolverhampton College. A seguito della partecipazione allo show del 2008 si era esibito più volte in pubblico, in un caso davanti a 29.000 spettatori al Molineux, lo stadio dove giocano i Wolverhampton Wanderers; in quell'occasione la squadra locale doveva opporsi al Manchester United. Ciò che sorprende è che, dimostrando una certa audacia, Liam aveva incaricato alcuni «manager» per quello che credeva il decollo della sua carriera.

Dopo essersi proposto anche per le audizioni del 2010, era logico che venisse individuato quale personaggio da intervistare e portare sullo schermo. Molti telespettatori ricordavano la sua precedente partecipazione, e in ogni caso *The X Factor* si basa anche su questi ritorni programmati, che conferiscono allo show una caratteristica da telenovela infinita, un aspetto che Cowell ritiene utile per arricchire lo spettacolo. Alla domanda su come si fosse sentito dopo l'esclusione alle Barbados, Liam rispose: «Credo che Simon abbia preso la decisione giusta. Mi ha dato il tempo per lavorare su quello che mi serve. Partecipare alle esibizioni dal vivo a quindici anni sarebbe stata dura, forse non sarei stato all'altezza. Non ero mai stato su un grande palcoscenico, mentre adesso ho una maggiore esperienza, e di questo sono grato a Simon. Tutto quello che accade ha una sua ragione. Oggi sono cresciuto molto, e ho tenuto spettacoli davanti a grandi folle».

Ciò naturalmente non significava che non avesse

sofferto per l'esclusione. «È stato come un buco nello stomaco», ha spiegato. «So cosa vuol dire essere cacciati.» Ma ormai la priorità era la prossima audizione, e c'era un uomo che Liam voleva impressionare più di tutti: ottenere l'approvazione di Cowell «sarebbe stato il massimo». Ed è stato proprio a Cowell che Liam si è rivolto per primo, arrivando sulla scena: «Come va, Simon, tutto bene? Non ci vediamo da un pezzo!» Disse poi che mancava dallo show da due anni, da quando «ero arrivato alla casa di Cowell nelle Barbados». Appariva rilassato, del tutto sicuro di sé, ma dentro non era affatto tranquillo. Come scrisse in seguito, trovarsi sul palco davanti ai giudici gli sembrava un po' «strano e surreale». Comunicò alla giuria che avrebbe cantato *Cry Me a River*, e la Cole presunse che fosse il motivo di Justin Timberlake, per accorgersi dopo i primi accordi che era la versione di Michael Bublé.

Alla fine della prova, Liam ricevette un'ovazione sia dal pubblico sia dai giudici; si era alzato in piedi persino Simon Cowell, un fatto raro, e il ragazzo ne fu sbalordito. Anzi, era così emozionato che scoppiò in lacrime, ma poi si ricompose per ascoltare i commenti della giuria. La prima a prendere la parola fu Cheryl Cole: «Non so 'cosa' sia, ma tu ce l'hai», gli disse spedendolo al settimo cielo. «E credo che la tua voce sia davvero potente.» Natalie Imbruglia, giudice aggiunto, si dichiarò d'accordo; per lei Liam era stato «impressionante, davvero impressionante», avvisando gli altri concorrenti che avrebbero dovuto «preoccuparsi». Louis Walsh gli disse che era «davvero contento» che fosse tornato. Tre giudici di seguito avevano usato la parola «davvero» per sottolineare la loro approvazione. Ma l'approvazione che Liam voleva davvero... era ovviamente quella di Simon Cowell.

Walsh passò la parola a Cowell, ricordandogli (un rimprovero?) che era stato lui «a bocciare questo ragazzo». Simon confermò che per lui «Liam due anni fa non era ancora pronto» e spiegò che gli aveva consigliato di ripresentarsi dopo un paio d'anni. «Avevo visto giusto», aggiunse, senza timore di apparire presuntuoso. A quel punto i giudici dovevano votare sì o no; visti gli applausi a scena aperta e i commenti entusiastici, i telespettatori non dubitavano dell'esito. L'approvazione dei giudici riempì Liam d'orgoglio, soprattutto il verdetto finale di Cowell: «Un sì basato sul talento, assolutamente incredibile; un sì fortissimo, pieno, onnipotente». Fu un momento di grande emozione, e la sensazione di rivincita dalla precedente esclusione che alleggeriva le spalle di Liam era visibile.

Poi si diresse dietro le quinte, dove era atteso dal

presentatore Dermot O'Leary e da tutto il gruppo di sostegno, famigliari compresi. «Sei stato bravissimo», gli disse la madre. O'Leary, che rammentava i fatti del 2008, sembrava altrettanto felice del clan famigliare. «Il ragazzo è diventato un uomo», dichiarò, e Liam ribatté che si sentiva bene dopo «aver atteso due anni per riprovarci». Era così felice che «la faccia mi fa male dal tanto sorridere», precisò. Nemmeno nei sogni più ottimisti aveva immaginato un giudizio così positivo da parte dei giudici. Aveva realizzato le sue più rosee aspettative e poteva accedere al turno successivo. «Sai, era così pazzesco; Simon si è schierato per me e questo è il fatto più fantastico al mondo», esclamò.

Nei giorni seguenti poté riflettere sul significato dell'esperienza. «Mi ha cambiato la vita», ha detto, aggiungendo che se non avesse ripresentato la domanda per i nuovi provini «oggi sarei in fabbrica a lavorare». E c'erano tanti momenti eccitanti da vivere, per esempio quando, nella casa di Bushbury insieme con la famiglia, poté godersi la differita televisiva della trasmissione. «È stato bello», ha detto. «La mia famiglia mi sostiene così tanto ed è così orgogliosa di me.» Lasciando gli studi televisivi, si era ripromesso di offrire nella fase seguente, quella del boot camp, una prestazione ancora migliore. Era pronto a combattere fino in fondo. Nel 2008 aveva approfittato del boot camp anche per stringere alleanze e amicizie, ma come poteva sapere che questa volta avrebbe trovato quattro nuovi amici, finendo addirittura con loro in una band?

Harry fece le audizioni a Manchester. Sebbene avesse già cantato in pubblico con gli White Eskimo, per lui questa sarebbe stata un'esperienza completamente nuova: un pubblico dal vivo di tremila persone, le telecamere e, ovviamente, i giudici. Anche se era un tipo tranquillo, l'esperienza avrebbe potuto essere devastante a livello emotivo; perciò aveva portato con sé il suo entourage di amici e famigliari che indossavano ognuno una maglietta con la scritta: «Pensiamo che Harry possieda il fattore X!» Quanto a lui, aveva una maglietta bianca molto lunga, una giacca tipo cardigan grigia molto ampia e una sciarpa a motivi verdi.

«La gente sostiene che sono bravo a cantare», disse al presentatore O'Leary. Indicando Anne, esclamò: «Di solito è mia madre che lo dice». O'Leary commentò: «Dicono sempre così», e Harry non poté che assentire. «Ho intenzione di cantare, e se quelli che possono permettermelo ritengono che non debba farlo, i miei piani subiranno una grossa battuta d'arresto.» Ammise di essere «teso» ed «eccitato», aggiungendo che solo se la giuria gli avesse dato l'okay avrebbe creduto di possedere davvero talento. Un sacco di amici lo aveva elogiato per la voce, ma soltanto la conferma dei giudici l'avrebbe convinto che tutti gli altri non «mentivano» per fargli piacere.

In attesa di salire sul palcoscenico, Harry definì la sensazione che stava provando «surreale», la stessa parola usata da Liam per riassumere l'intera esperienza. Prima di iniziare lo sommersero di baci, un fatto che trovò «piuttosto imbarazzante». Persino O'Leary lo ritenne inopportuno, chiedendo in modo provocatorio: «Qualcun altro vuole baciarlo?» Sulla scena Harry apparve sicuro e a suo agio salutando i giudici con un insolente «ciao». In seguito, ammise che dentro di sé era «molto confuso». L'ansia gli fornì una scossa di energia e un sano stato di euforia. Cantò *Isn't She Lovely* di Stevie Wonder, un motivo che amava da anni, su cui si era esercitato molto per perfezionare il modo di presentarlo. A differenza di molti altri, che fanno questi provini sulla base musicale, lui scelse di cantare a cappella, cioè senza musica, e alla fine ebbe la sua buona dose di applausi.

Questo risultato non era nulla se paragonato all'isteria con la quale era stata accolta l'audizione di Liam, ma tutto sommato era una risposta positiva. A questo punto Harry fece un inchino, sorridendo in modo sbarazzino per mascherare l'orgoglio che provava, un sentimento ancora più giustificato dal verdetto di Nicole Scherzinger, giudice aggiunto, che gli disse: «Sono contenta di aver avuto modo di sentirti cantare a cappella, così abbiamo potuto ascoltare bene la tua voce. Per essere un sedicenne, hai una voce molto bella». Harry, tutt'altro che insensibile al fascino delle donne eleganti, la ringraziò con un sorriso seducente. Poi fu la volta di Louis Walsh. Avendo già indirizzato le carriere di boy band come i Boyzone e i Westlife, nel caso di un cantante alle prime armi il suo verdetto assumeva particolare importanza. Iniziò con un'osservazione positiva, aggiungendo però una nota negativa. «Concordo con Nicole», disse l'irlandese. «Però credo che tu sia troppo giovane; non hai ancora sufficiente esperienza e sicurezza.» Tra il pubblico, che perlopiù aveva apprezzato l'esibizione, furono in diversi a non condividere il verdetto, e non lo nascosero.

Cowell, sempre pronto a prendere in giro il suo vecchio amico Walsh, prese la parola: «Qualcuno del pubblico ha urlato: 'Vergogna!' e io sono d'accordo. Qui dobbiamo trovare dei cantanti, e non conta se hanno quindici, sedici o diciassette anni. Credo che con un po' di lavoro sulla voce Harry sarà assolutamente valido». Il ragazzo accolse il commento con un sorriso adorabile: i giudici dovevano ancora emettere il verdetto finale, ma lui aveva già avuto una buona difesa. Voleva a tutti i costi passare al turno successivo, e attendeva con ansia la votazione.

Il primo a parlare fu Walsh, all'estrema sinistra: «Harry, ho un sacco di buoni motivi per dire di no». La reazione del pubblico fu un coro di improperi. Cowell incoraggiò i presenti a disapprovare ancora di più questo verdetto parziale, e le urla si sprecarono. Nel frattempo, anche Harry si era unito scherzosamente al coro; lontano mille miglia dalle solite risposte stizzite di coloro che ricevevano un responso negativo, questo fu un momento di sfida, giocosa e sbarazzina. In realtà, poteva permettersi di scherzare in quanto gli altri due giudici avevano già lasciato trapelare che lo avrebbero promosso. Il «no» di Walsh venne ribaltato da Cowell e dalla Scherzinger, che si espressero per un «sì» deciso. «Mi piaci, Harry», intervenne Nicole, facendolo andare in brodo di giuggiole.

Il momento in cui mi resi conto che sarei passato al boot camp è stato uno dei più belli della mia vita, ha detto in seguito. Ce l'aveva fatta, e mentre andava incontro agli amici, ai famigliari e ai sostenitori, vide che tutti traboccavano di gioia. Da parte sua, era così contento che si fece prendere da una strana paranoia, che gli faceva credere che la decisione potesse ancora essere ribaltata. Ma non accadde.

Harry non è stato l'unico futuro componente degli One Direction a dividere la giuria all'inizio: accadde la stessa cosa durante l'audizione di Niall a Dublino. Dato che la sera prima non aveva chiuso occhio, quel giorno stava in piedi solo grazie all'adrenalina. Sapeva bene che prima di una giornata decisiva, tanto eccitante e sfibrante, era importante fare una buona notte di sonno, ma purtroppo non ci era riuscito. Alla fine aveva rinunciato a dormire e si era alzato per prepararsi. Aveva indossato una camicia a quadri, i jeans e scarpe da ginnastica. Era arrivato al Convention Centre di Dublino all'alba, teso come una corda di violino.

Al pari di Harry, Niall fu intervistato dalla televisione prima dell'audizione. Disse di essere stato paragonato a Justin Bieber, e che per lui non si trattava di «un brutto paragone». Progettava di fare il tutto esaurito negli stadi, di vendere milioni di dischi e di lavorare con «alcuni dei migliori artisti del mondo». Per lui, quel provino sarebbe stato l'inizio di tutto. «Se oggi passo il turno, comincia il bello!» esclamò, lanciando il guanto di sfida. Sembrava arcisicuro, quasi presuntuoso. Ma in effetti, tutto quello che gli è accaduto dopo ha confermato la sua sicurezza.

Dirigendosi verso il palcoscenico salutò il pubblico con uno sbarazzino: «Ciao Dublino, tutto bene?» Poi disse a Louis Walsh: «Oggi sono qui per essere il miglior artista del mondo», e il suo connazionale, di rimando: «Quindi sei il Justin Bieber irlandese?» Niall assentì, poi punzecchiò bonariamente il giudice aggiunto Katy Perry, dicendo che era stupito di incontrare una cantante famosa a livello internazionale come lei. Non poteva sapere che nel giro di un anno avrebbe pubblicato un album in cui la traccia del titolo citava la Perry.

Al momento di iniziare l'audizione vera e propria, intonò *I'm Yours*, il successo di Jason Mraz. Simon Cowell, che in anni e anni di provini aveva ascoltato quel motivo un sacco di volte, gli disse che era una scelta pigra e gli chiese se non aveva una canzone di riserva. Niall l'aveva, e cantò *So Sick* di Ne-Yo. Qui il sottinteso era evidente, dato che si trattava di uno dei motivi che Bieber aveva presentato alla gara di talenti *Stratford Star*, che lo aveva reso celebre. Niall la cantò bene, anche se non in modo memorabile. Durante l'esibizione sembrava guardare dietro le quinte, diversamente dai futuri compagni degli One Direction che avevano diretto la loro energia e concentrazione verso la giuria.

Aveva fatto abbastanza per impressionare i giudici? Non vedeva l'ora di saperlo. La Perry disse: «Credo che tu sia adorabile, Niall, hai carisma. Penso soltanto che tu debba affinarlo un po'. Hai solo sedici anni: quando io ho iniziato ne avevo quindici, e fino a ventitré anni non ero nessuno». Un verdetto ambiguo, che non lasciava prevedere quale sarebbe stato il suo voto finale. Anche Cowell fu enigmatico: «Non credo che tu sia preparato, forse era la canzone sbagliata, non sei così bravo come credi, però mi piaci». Probabilmente Niall trovò difficile interpretare le diverse risposte.

Cheryl Cole avrebbe espresso una critica più positiva? La pop star sentenziò: «Certo, sei adorabile, hai tanto fascino per un sedicenne, ma la canzone era troppo impegnativa per te, tesoro». Pareva proprio che, dopo ogni frase di elogio, tutti infilassero un «ma».

L'ultimo giudice a esprimersi fu Louis Walsh. Niall pensava che, in quanto suo connazionale e manager di boy band, sarebbe stato quello che l'avrebbe apprezzato di più. «Credo che tu abbia qualcosa di positivo», esordì Walsh. «Penso che piacerai alla gente perché sei piacevole.» Fu sicuramente uno dei verdetti più strani nella storia di *The X Factor*. Cowell lo attaccò subito, dicendo con tono sarcastico: «Così piacerà alla gente perché è piacevole?» Il pubblico scoppiò a ridere, come del resto lo stesso Niall. «Ma smettetela!» reagì Walsh.

Al momento del voto nessuno sapeva cosa avrebbero fatto i giudici. Il primo a prendere la parola fu Cowell: «Per me, il voto è positivo». Niall diede un pugno in aria, poi si baciò la mano e si fece il segno della croce. Ma si accasciò subito quando la Cole disse «no». Sembrava distrutto. Poi avrebbe dovuto esprimersi la Perry, ma Walsh la precedette dicendo: «Per me è sì!» Dato che i verdetti devono essere a maggioranza, l'assenso della Perry sarebbe stato sufficiente. «Eccoci», esclamò eccitato Walsh, «serve un terzo sì.» La Perry si sentiva così sotto pressione che mimò il gesto di avere un coltello alla gola. Cowell osservava la scena e si divertiva da morire. Questi momenti di tensione per lui sono il massimo, e ridacchiava per lo scherzetto di Walsh.

Katy invece non era affatto contenta della situazione in cui l'avevano cacciata. Il cuore le diceva di promuovere quel bravo ragazzo, ma non poteva dimenticare la propria responsabilità, che era di giudicare con onestà. «Posso essere d'accordo con Cheryl, ti serve ancora dell'esperienza e, detto per inciso, sei davvero piacevole... ma la piacevolezza non fa vendere dischi. È il talento a farlo, e tu ne hai il seme.» Piccola pausa, che spinse

Walsh, ormai ansioso quanto Niall, a implorare: «Dai, forzaaa!» Lei si prese ancora un attimo, poi esclamò: «Naturalmente sei promosso». Niall era così eccitato che fece un salto e un urlo; il microfono raccolse la sua esultanza, e ne venne fuori una voce molto più profonda di quando cantava. «Non deluderci», aggiunse la Perry mentre Niall si congedava dal palco. Dopo la sua uscita, la giuria continuò a discutere: «Ha veramente fascino», commentò Cowell, «ha qualcosa di difficilmente definibile».

È commovente ripensare all'implorazione della Perry affinché Niall non deludesse i giudici. Lui li ha inorgogliti e, dopo la carriera con gli One Direction che lo ha reso famoso in Gran Bretagna, negli Stati Uniti e nel resto del mondo, lei gli ha mandato un tweet: «Congratulazioni, non mi hai deluso! Baci».

Spesso i concorrenti dello show descrivono l'esperienza come un «viaggio». Anche se questa visione è diventata un tale cliché che Cowell ha persino vietato l'uso di quella parola durante una serie, in certi casi è vera nel senso letterale del termine. Zayn iniziò questo «viaggio» con un lungo trasferimento: per arrivare da Bradford al luogo delle audizioni dovette partire alle due di notte, essendo andato a letto alle quattro del pomeriggio precedente. Suo zio lo accompagnò in auto fino a Manchester, dove lui, come Harry, fece il provino a cappella, senza base musicale. Aveva deciso di misurarsi con *Let Me Love You*, un classico di Mario, un rock and blues che ha avuto successo in numerosi Paesi. Prima di andare in scena Zayn era nervoso, e in seguito il nervosismo peggiorò. Il pubblico era numeroso e lo intimidiva, e inoltre bisognava superare lo scoglio del sempre schietto Cowell, seduto a pochi passi di distanza.

«Mi chiamo Zayn», disse alla giuria prima di cimentarsi in *Let Me Love You*. Si era preparato bene, era certo di padroneggiare il pezzo, molto adatto alla sua voce. Si prodigò al massimo, e poteva sperare di aver sostenuto una prova sufficiente per accedere al boot camp. Walsh si definì soddisfatto, e la Scherzinger era convinta che Zayn avesse «qualcosa di speciale». Anche Cowell era colpito, pur rilevando che il ragazzo doveva diventare più ambizioso. In quel periodo, la critica era giustificata. Con il tempo Simon si sarebbe accorto che la tranquillità esteriore di Zayn mascherava una ferma determinazione, l'ambizione per il successo con tutto ciò che ne consegue. Procedendo nella gara questo sarebbe emerso con grande evidenza, sarebbe persino aumentato. Tuttavia, l'ostacolo immediato era rappresentato dai voti. Walsh e Scherzinger formularono un «sì», e Zayn li ringraziò educatamente. Con due voti positivi, poteva già considerarsi al boot camp, dato che la giuria era composta da tre membri. Ma voleva ottenere anche il prezioso assenso di Cowell. Aspettò l'esito con ansia, e Simon disse: «Zayn, per me è sì».

In quella serie, uno degli ultimi concorrenti a doversi presentare alle audizioni era Louis Tomlinson. E a proposito degli ultimi provini si è diffusa una specie di superstizione dopo che, in un'edizione di *Pop Idol*, Will Young, che avrebbe poi vinto la gara, era stato l'ultimo a presentarsi davanti ai giudici. Alcuni concorrenti sono convinti di avere tante più possibilità quanto più tardi vengono chiamati sul palco.

Louis, come Zayn, aveva dovuto partire a un'ora improponibile per recarsi all'audizione: il viaggio per Manchester era iniziato a mezzanotte. Lo accompagnava l'amico Stan. Arrivati alla MEN Arena avevano dormito un po' in auto, prima di mettersi in fila alle quattro del mattino. È significativa la disponibilità dei concorrenti ad attendere ore e ore per poter entrare. Alcuni critici del talent show affermano che la fama «viene consegnata su un piatto d'argento»; ma quanti di loro possono affermare di essere partiti a notte fonda e aver fatto la fila per ore per un colloquio di lavoro? Nessuno può negare la dedizione di Louis.

All'epoca il suo look era molto diverso da quello che sfoggia attualmente. Tanto per cominciare, aveva i capelli molto lunghi; adesso pensa che quel look fosse «orribile». Anziché una maglietta a strisce, che indossa invariabilmente con gli One Direction, portava camicia e cravatta sotto una giacca grigia tipo cardigan molto ampia, oltre ai soliti jeans. Alle audizioni la sua immagine oscillava fra il casual e quella del nipotino che va dalla nonna per chiederle un po' di soldi. Eppure funzionò.

Mentre era in fila Louis si addormentò; fu svegliato da un colpetto non molto educato di un altro concorrente, per ritrovarsi poco dopo nella cosiddetta sala d'attesa di *The X Factor*. Lì il tempo trascorreva lentamente. Alla fine apparve un funzionario della produzione che chiamò il suo numero. Dopo l'estenuante attesa, sembrava che tutto stesse accadendo molto in fretta; quasi senza rendersene conto Louis si ritrovò dietro le quinte mentre gli stavano dicendo che era arrivato il momento fatidico. Entrando in palcoscenico, capì di avere paura; sul libro ufficiale della band ha scritto che «aveva la bocca secca». Si presentò dicendo: «Mi chiamo Louis Tomlinson», ma il tono tradiva il nervosismo. Il suo sorriso timido la diceva lunga... Ma la tensione aveva anche dei vantaggi: più appariva timido, più risultava adorabile agli occhi di molti.

Il primo pezzo che affrontò fu *Elvis Ain't Dead* degli Scouting for Girls, con le tipiche sonorità esuberanti di questa band indie-pop. Ma prima che prendesse il ritmo giusto, Cowell lo fermò dicendo che gli sembrava che potesse esprimersi meglio con un altro motivo. Allora optò per una canzone più tranquilla, *Hey There Delilah* dei Plain White T's. Questa scelta gli avrebbe creato dei problemi nei mesi seguenti, ma in quella fatidica giornata impressionò favorevolmente i giudici. La Scherzinger mostrò il suo apprezzamento già durante l'esecuzione, sorridendo apertamente e dondolandosi per seguire la melodia.

Alla fine Cowell e Walsh dissero che la voce di Louis era «interessante», mentre la Scherzinger si soffermò a commentarne positivamente il look. Tuttavia, prevaleva la sensazione che gli mancasse sicurezza. Louis attribuì questa impressione alla stanchezza di quella giornata sfibrante, ma va detto che la fiducia in se stesso gli è venuta nelle fasi successive della gara. Al momento del voto nessuno sapeva cosa aspettarsi, proprio com'era successo per Niall. Il suo omonimo Walsh esclamò: «Louis, per me è sì». Nicole lo seguì con: «Io dico sì». Ce l'avrebbe fatta a ottenere l'*en plein*? Cowell, giudice capo, annunciò: «Hai avuto tre sì». Tutti i componenti della futura band si erano così guadagnati la promozione.

Cosa possiamo imparare sui membri della band dalle loro audizioni e dalle loro reazioni a esse? Un aspetto che ricorre è il desiderio di ottenere l'approvazione di Cowell, e questo non è strano, dal momento che molti concorrenti ammettono di attendere con ansia soprattutto il suo verdetto. I nostri ragazzi lo ritengono quasi un «famigliare», e lui li ricambia con la stessa considerazione. Non lo vedono come un fratello maggiore, ma come uno «zio»; e poco tempo dopo lo avrebbero chiamato proprio così.

Per i cinque ragazzi le cose si stavano mettendo bene, anche se era in arrivo un po' di maretta. Infatti, alla fine del boot camp furono eliminati individualmente dalla gara, per esservi nuovamente inseriti come gruppo. Per loro fu una specie di corsa sulle montagne russe: prima della massima esaltazione dovettero subire un'amara sconfitta.

«All'inizio li ho conosciuti come solisti», ha raccontato Cowell alla rivista *Rolling Stone*. «Tutti avevano fatto delle audizioni fantastiche. Su due o tre di loro contavamo molto, avevamo riposto grandi speranze, ma nelle fasi successive tutto è andato a rotoli.»

A questo punto, sapendo leggere tra le righe della versione ufficiale, si nota l'evidente «costruzione di un mito» dopo il boot camp. Secondo la versione ufficiale, i giudici persero la fiducia nei ragazzi proprio in questa fase e, dopo averli mandati a casa, decisero insieme con i produttori che forse avrebbero potuto assemblarli in un bel complesso musicale. Sembra invece più probabile che la decisione di formare la band fosse stata presa già in precedenza.

La fase del boot camp si tenne alla Wembley Arena in cinque giornate nel luglio 2010. Fino a quel momento c'erano stati duecentoundici provini e, durante la prima giornata, il 22 luglio, si vide subito che le procedure sarebbero state altrettanto brutali di quelle delle serie precedenti.

Ciascun concorrente delle quattro categorie (ragazzi, ragazze, over 25 e gruppi) aveva avuto una canzone da preparare. I ragazzi, compresi i cinque futuri membri degli One Direction, dovevano cimentarsi con *Man in the Mirror* di Michael Jackson, una classica canzone pop che, in quanto tale, era guardata con timore reverenziale. (Anche le altre categorie dovevano affrontare pezzi difficili; le ragazze avevano *If I Were a Boy* di Beyoncé; i gruppi *Nothing's Gonna Stop Us Now* degli Starship; gli over 25 *Poker Face*, il grande successo di Lady Gaga.)

Dopo aver riunito i concorrenti, Cowell spiegò loro cosa ci fosse in palio nel primo giorno di boot camp: «Alla fine della giornata metà di voi andrà a casa. Oggi sarete inseriti nella vostra categoria e canterete una canzone; non ci saranno seconde opzioni».

Non stupisce che la tensione fosse palpabile. Rispetto ai provini iniziali, dove i partecipanti potevano cantare qualunque cosa, a loro discrezione, adesso si sentivano limitati nelle loro possibilità creative e sottoposti a una pressione crescente; ma era proprio questo lo scopo dei produttori della trasmissione. La fase del boot camp non ha mai implicato benevolenza o generica amicizia: è la sopravvivenza del più idoneo, una lotta all'ultimo sangue. Ogni tanto capitano fatti imprevisti: alcuni concorrenti, che durante le audizioni sembravano potenziali finalisti o addirittura vincitori, perdono mordente e vengono eliminati dopo prestazioni scadenti, mentre altri, che avevano superato l'audizione con molte difficoltà, all'improvviso tirano fuori dal loro bagaglio un carisma e un talento mai mostrati prima.

Peraltro, non sono solo i concorrenti a fare cose impreviste o sciocccanti, ma le fanno anche i produttori. Infatti, spesso viene fatta una «richiesta a sorpresa» allo scopo di conferire drammaticità all'evento. Durante una serie venne allontanato un gruppo di concorrenti proprio all'inizio del boot camp. Possiamo immaginare la delusione e l'irritazione per essere stati mandati a casa senza aver avuto l'opportunità di modulare una sola nota. Queste stranezze servono ovviamente per colpire i telespettatori, anche se alcuni di loro le trovano inopportune. È crudele, se non peggio, osservare che ci si prende gioco dei sogni e delle emozioni altrui.

Nel 2010 la prima sorpresa del boot camp fu meno brutale, anche se uno dei futuri membri degli One Direction la prese molto male. I cinque ragazzi erano contentissimi di come avevano interpretato *Man in the Mirror* e del riscontro positivo che li aveva catapultati nella seconda giornata.

Quella sera nelle stanze d'albergo ci furono molte risate, urla e schiamazzi. La loro autostima aumentava di giorno in giorno. Tuttavia, uno di loro andò completamente a terra quando si seppe che il giorno dopo i concorrenti superstiti non avrebbero dovuto esibirsi nel canto, bensì nella danza.

Zayn non fu l'unico ad accogliere male la direttiva. Anche altri concorrenti si trovavano a disagio nel ballo, soprattutto la cantante irlandese Mary Byrne, ma nessuno reagì furiosamente come lui. Brian Friedman, il coreografo, disse: «Non vi voglio spaventare, lavoreremo solo sulla presenza scenica e sulle coreografie». La rassicurazione giunse troppo tardi per Zayn. Si sentiva umiliato perché odiava il ballo ed era in questa fase che i telespettatori lo avrebbero conosciuto per la prima volta. Fu visto mentre si rivolgeva a un operatore dietro le quinte dicendo: «Non voglio assolutamente farlo perché detesto ballare, non ho mai ballato e sul palcoscenico mi sembra di essere un cretino accanto a quelli più bravi di me... quindi non lo faccio!» Sempre più depresso aggiunse: «Quando ci si deve esibire davanti a Simon e ad altri professionisti che sanno il fatto loro anche sui passi di danza, oltre ai coreografi professionisti e al loro codazzo, non saprei veramente cosa fare...»

A questo punto della trasmissione si vide che Cowell aveva notato l'assenza di Zayn. Probabilmente, erano stati invece i produttori a fargli la soffiata sul problema che stava nascendo: Cowell non ricordava nemmeno i nomi dei finalisti, e l'idea che potesse aver notato l'assenza di un concorrente sul palco affollato sembra poco plausibile. In ogni caso, questo contribuì a creare altra tensione, caratteristica sulla quale è costruito il programma. Inoltre, fornì l'espediente per presentare

Zayn, il cui provino iniziale non era stato ancora trasmesso in televisione. Si vide Cowell che, dopo aver consigliato a Walsh e a Friedman di procedere con il loro lavoro, andava dietro le quinte a cercare il ragazzo. Quando lo trovò, gli chiese: «Zayn, perché non sei con gli altri? Non puoi avere paura, non puoi nasconderti! Ti stai rovinando con le tue mani. Io voglio solo aiutarti. Se non ce la fai adesso, non ce la farai mai, hai capito? Forza, sbrighiamoci».

E così tornarono in scena. Mentre Zayn saliva sul palco, Simon, a metà tra l'incoraggiamento e la minaccia, gli disse: «Non farlo mai più; coraggio, dacci dentro!» Si strinsero la mano e la cosa finì lì. Quello fu il primo accordo fra Cowell e un componente degli One Direction, e non sarebbe stato l'ultimo. Quando Zayn abbozzò alcuni passi di danza, si vide subito perché aveva cercato di evitarli: lo stesso Cowell li definì «imbarazzanti». Per una volta almeno, il temutissimo giudice dimostrava di essere comprensivo anziché sferzante. Evidentemente, il ballo non era il punto di forza di Zayn. Tuttavia, il coraggio dimostrato nell'esibirsi in qualcosa che lo metteva a disagio dovette impressionare sia Simon, sia gli altri produttori. Non avrebbero mai inserito in una band qualcuno che, messo sotto pressione, cedesse; perciò, anche se ancora non lo sapeva, Zayn aveva superato il primo esame. «Sono contento per lui che ce l'abbia fatta», rifletté retrospettivamente Cowell. Nella prevista coreografia, gli altri quattro ragazzi fecero del loro meglio, ma nessuno emerse in modo particolare. La prestazione di Niall, per esempio, secondo lo stesso Simon, fu «molto disordinata».

Comunque, la pressione non era destinata a diminuire e Zayn non fu l'unico a subirne gli effetti. Come disse Harry di fronte ai teleschermi, più ostacoli abbatteva, maggiore diventava la sua ambizione. Non se ne parlava nemmeno di accontentarsi, di essere orgoglioso di ciò che aveva realizzato fin lì. Il suo sguardo era sempre puntato sui traguardi ancora da tagliare. Disse anche che «superando la fase di boot camp, si capisce quanto sia grande il premio finale, e in questi ultimi giorni mi sono reso conto che non intendo assolutamente mollare, non voglio andare a casa sul più bello».

In quella edizione ci fu un altro colpo di scena che, se condizionò solo indirettamente i nostri ragazzi, fa ben capire da quale tipo di competizione siano riusciti a emergere. Cheryl Cole era stata congedata perché aveva avuto un crollo fisico, pare in conseguenza della malaria contratta durante le vacanze in Tanzania. Dovette essere ricoverata in una clinica; guarì, ma le fu prescritta una lunga convalescenza. Al suo posto Cowell convocò Nicole Scherzinger, ex cantante delle Pussycat Dolls. (Questo fatto avrebbe anticipato in modo curioso quanto sarebbe successo l'anno dopo nella versione americana dello show, quando congedarono la Cole dal ruolo di giudice e Nicole, che era la presentatrice, prese il suo posto.)

Nicole era già nota in quel ruolo ad alcuni dei nostri ragazzi, dato che Harry e Louis l'avevano avuta quale giudice nelle prime audizioni. Siccome era assente anche l'australiana Dannii Minogue, la giuria era composta in modo molto diverso dal solito.

Un altro cambiamento fu la decisione dei giudici di escludere il pubblico da questo turno. Nell'account ufficiale su Twitter apparve il seguente messaggio: «Per cause impreviste, in questa serie abbiamo deciso di non invitare il pubblico alla fase di boot camp». Questo avrebbe aggiunto una ulteriore dose di tensione agli eventi successivi.

Nella terza giornata ai concorrenti fu consegnato un elenco di quaranta canzoni, tra le quali avrebbero dovuto scegliere quella da cantare. Per qualcuno era un vantaggio: a differenza della prima giornata, quando si erano sentiti limitati nelle proprie possibilità espressive, questa era una sorta di «liberazione». Per altri, invece, era più difficile poiché non riuscivano a scegliere:

appena optavano per un motivo, si accorgevano che in lista ce n'era un altro mica male; invece di impegnarsi a fondo in un pezzo, tergiversavano pensando a un'altra opzione. Questa prova era l'ostacolo finale prima della fase nella casa dei giudici, e quindi non c'era più tempo da perdere. Al momento opportuno sarebbero stati chiamati individualmente sul palco, si sarebbero esibiti, poi se ne sarebbero andati. Nel frattempo i giudici non avrebbero emesso alcun responso.

Liam aveva deciso di cantare *Stop Crying Your Eyes Out* degli Oasis. La scelta era stata quasi automatica: sappiamo che adora questo gruppo inglese e che sin da bambino intonava le loro canzoni, quando già sapeva imitare le famose movenze di Gallagher in scena. Prima di esibirsi, spiegò davanti alle telecamere qual era la posta in gioco per lui. Descrisse la prima audizione come «una gradita sorpresa, ancora non ho rimesso i piedi per terra», pur riconoscendone un lato negativo in quanto «devo provare a sopravvivere a questo successo». Aveva avuto un anno per preparare i provini, ma ora aveva solo ventiquattr'ore per farsi trovare pronto per l'esibizione successiva. Durante le prove, era stato ripreso mentre faceva diversi errori, ma Brian Friedman aveva addebitato l'accaduto alla «sua età».

Comunque, per Liam si trattava soprattutto di convincere Cowell: «Voglio convincere Simon che sono qui per fare sul serio. Intendo dimostrargli che ho tutto quel che serve».

Salì sul palcoscenico con eleganza e sicurezza. «Ciao a tutti. Come state, giudici?» domandò in modo informale. Prima dell'esibizione, gli chiesero di spiegare perché credesse di possedere il «fattore X». Con la gamba destra che gli tremava per il nervosismo, Liam disse che ci credeva «perché da piccolo mi sono dovuto confrontare con un grosso problema: allora ho puntato verso un obiettivo elevato, l'ho perseguito fino in fondo e non ho mai mollato». Come nelle altre apparizioni davanti a Cowell, Liam aveva saputo raccontarsi bene.

Poi si esibì nel pezzo degli Oasis, con una prestazione che divise i telespettatori: alcuni la definirono un po' noiosa e meccanica, la maggior parte ritenne invece che fosse convincente ed emotivamente azzeccata. Certo, mancava un po' della tensione che aveva caratterizzato la sua interpretazione di *Cry Me a River*, ma tutto sommato, come ebbe a dire Liam, c'è sempre qualcosa da limare, e oltretutto stavolta mancava il pubblico. In effetti, proprio quando stava cominciando a metterci più grinta, Cowell lo aveva fermato; poi era dovuto uscire e lasciare che in sua assenza la giuria discutesse del suo futuro. «Oh, Simon, lui è ottimo», sussurrò Walsh appena Liam se ne fu andato. «Mi piace, le ragazze andranno matte per lui», aggiunse. Cowell dava l'impressione di avere delle incertezze: «Non mi dispiace, ma mi sembra unidimensionale», precisò. Il giudice irlandese continuò a sostenere la causa: «È un giovane cantante da pub, Simon, e ha solo sedici anni».

In seguito Cowell dimostrò di essere stato molto più che incerto. Durante una puntata di *The Xtra Factor*, uno spettacolo gemello, disse: «Il mondo in cui viviamo oggi, rispetto a un anno fa, ci induce a distinguerci dal resto. Uno come Liam, per esempio, un paio d'anni fa sarebbe forse stato un concorrente adatto a questo show, ma attualmente mi fa cascare le braccia». Approfondendo l'argomento, aggiunse: «Quando una persona ha un talento con un confine preciso, come nel caso di Liam, la si può spingere solo fino a quel punto, e quindi si rimane limitati. Lavorare con simili persone è frustrante, poiché offrendo loro uno stimolo ci si aspetta che lo colgano o che migliorino le cose». Questa tirata non dipingeva certo un roseo futuro per Liam.

Dopo le esibizioni degli altri quattro ragazzi, dei quali non furono trasmesse le canzoni del terzo giorno, per i giudici venne il momento di scambiarsi le opinioni. A causa del perdurare dell'assenza di Cole e Minogue, erano stati apportati alcuni cambiamenti al format. Invece di promuovere sei concorrenti per ogni categoria, Cowell, Walsh e Scherzinger si erano accordati per spedire nella casa di ogni giudice otto partecipanti. Questo rispecchiava la poca fiducia che ci fosse un numero sufficiente di concorrenti da promuovere, oltre all'esigenza che sia Cole sia Minogue avessero un numero maggiore di persone tra cui scegliere. Un altro cambiamento riguardava la categoria per limiti di età: su suggerimento della Scherzinger, gli over 25 passarono a over 28.

Quando furono richiamati sul palco, i trenta ragazzi rimasti, fra cui Harry, Liam, Louis, Niall e Zayn, erano in preda all'ansia. Zayn si presentò sfregandosi nervosamente le mani e Liam sembrava sul punto di svenire, o di piangere.

Poi la giuria annunciò i nomi di quelli che avevano superato il turno. Cowell fece per primo il nome di John Wilding e la Scherzinger quello di Nicolò Festa. Più nomi uscivano e più la tensione dei ragazzi aumentava. Va sottolineato che comunque Louis applaudiva tutti i concorrenti dei quali veniva annunciato il successo, sorridendo per condividere la loro gioia; diede persino una pacca sulla spalla a Karl Brown quando lo promossero. Il suo atteggiamento sportivo rendeva ancora più doloroso per i telespettatori vedere la delusione dipinta sul suo volto.

Alla fine rimanevano solo due nomi da proclamare, e ognuno dei nostri cinque sperava di far parte della coppia fortunata, anche se ormai non avevano più molte speranze. Gli ultimi due concorrenti annunciati furono Matt Cardle, il futuro vincitore, e Tom Richards. «Questo è tutto, ragazzi, mi dispiace», disse Cowell. Richards scese dal palco scoppiando in lacrime di gioia, mentre gli altri concorrenti, immobili al loro posto, cercavano di farsi una ragione per essere stati esclusi. Liam, che nel 2008 era stato cacciato proprio in questa fase per essere riammesso pochi minuti dopo, si dondolava stizzosamente da un piede all'altro riflettendo sulla dura realtà. Si teneva una mano sul viso, forse per trattenere le lacrime, ma non ce la fece. Harry sembrava scioccato e Niall si scompigliava i capelli, con la disperazione e lo sconforto stampati sul viso.

Mentre se ne andava, Liam ricevette un abbraccio di consolazione da Dermot O'Leary. «Non voglio andare a casa», disse a fior di labbra. «Non voglio andarci.» Poi parlò Harry: anche se gestiva le emozioni meglio di Liam, disse che si sentiva «completamente distrutto», com'era evidente per tutti.

Niall era invece più reattivo, e allo sconforto univa un senso di rabbia: «È la cosa peggiore che mi sia capitata nella vita», disse. «Stare lì ad aspettare che il tuo nome sia chiamato, e poi niente...» Gli si riempirono gli occhi di lacrime e, scusandosi con l'intervistatore, se ne andò coprendosi la faccia con il maglione.

Tuttavia, Cowell non era contento di perdere quei ragazzi. «Avevo la sensazione che non dovessimo lasciarli andare, che forse c'era qualcosa che potevamo fare con loro», avrebbe spiegato in seguito in un'intervista concessa a *Rolling Stone*. «Fu a quel punto che si fece strada l'idea di farli lavorare in gruppo.» Che la decisione fosse stata presa d'impulso, oppure premeditata, quello era il momento di metterla in pratica. Sarebbero stati formati due complessi, una boy band e una girl band, cooptando alcuni concorrenti precedentemente esclusi. Dietro le quinte, i produttori riunirono Louis, Liam, Harry, Niall e Zayn e richiamarono quattro ragazze, diventate in seguito le Belle Amie.

Nessuno sapeva più cosa aspettarsi. Per Liam, il momento era surreale e fantastico. Esattamente come nel 2008, gli avevano detto di tornare a casa e poi era stato richiamato. Mentre venivano riaccompagnati in scena, più di uno, ragazze comprese, si mangiava le unghie per l'ansia. I ragazzi si allinearono sul palco, il loro volto e il linguaggio del corpo rivelavano tutto: delusione per essere stati esclusi dalla gara e confusione sul motivo per cui li volessero ancora lì, oltre al tentativo di dissimulare le aspettative segrete. Nel frattempo, i giudici guardavano i due gruppi, chiedendosi se avessero preso la giusta decisione. Osservando i cinque ragazzi, Cowell non ebbe più dubbi: «Quando furono riuniti lì, per la prima volta insieme, mi prese una strana sensazione», ha spiegato a *Rolling Stone*. «Sembrava che fossero una band già formata.» Proprio così: è stato qualcosa di commovente, quasi magico, nel modo in cui quei cinque si amalgamarono in quel preciso istante, integrandosi alla perfezione.

Fu la Scherzinger a dare avvio alle spiegazioni: «Ciao, grazie per essere tornati. A giudicare dalle vostre facce, per voi è stata molto dura. Ci abbiamo riflettuto a lungo, e riteniamo che avete troppo talento per lasciarvi andare via. In fondo, sarebbe una grande idea fare due gruppi, uno di ragazzi e l'altro di ragazze». Per i concorrenti non era ancora tutto chiaro, perciò Cowell aggiunse: «Abbiamo deciso di farvi accedere alla prossima fase, quella nella casa dei giudici». I cinque ragazzi emisero un boato: Louis saltava come un canguro, mentre Harry cadeva in ginocchio. I giudici li guardavano felici, testimoni del sollievo e dell'eccitazione suscitati.

Poi Simon ritenne che fosse ora di riportare le cose alla realtà: «Ragazzi, ragazze, quello che vi dico è di importanza fondamentale: dovrete lavorare dieci, dodici, quattordici ore al giorno, tutti i giorni, per sfruttare l'occasione. Avete una grande opportunità».

I ragazzi ballavano sul palcoscenico come se avessero vinto la Champions League. Harry parlò per tutti gli altri quando disse a O'Leary: «Sono passato dalla peggiore alla migliore sensazione della mia vita». Dopodiché furono messi insieme con i concorrenti promossi. Si complimentarono e si abbracciarono tutti. La vita sembrava bellissima. Tuttavia c'era ancora un ostacolo da superare, perciò chiesero ai ragazzi se erano assolutamente certi di essere contenti di formare una band. In fondo, ognuno di loro aveva fatto audizioni da artista singolo. Nessuno voleva un gruppo in cui anche un solo componente non infondesse tutta la sua convinzione nel progetto unitario, ed era ragionevole chiedere a ognuno di fare una seria autoanalisi. Fu Liam a prendersi tutto il tempo per riflettere. Dopo l'esperienza del 2008, si era impegnato al massimo per diventare un cantante solista. All'inizio gli parve improponibile dimenticare tutto quel lavoro per aggregarsi a una band. Si analizzò a fondo, chiese consiglio alle persone che stimava e di cui si fidava di più, poi prese una decisione netta: avrebbe accettato. E la band fu formata ufficialmente.

La pietra miliare successiva fu posta quando i giudici furono informati di quale categoria sarebbero stati mentori per il resto della serie. I produttori telefonarono a ogni giudice per comunicare la decisione, e a Simon Cowell fu detto che avrebbe avuto i gruppi. Questi ultimi sono tradizionalmente ritenuti una delle due categorie più deboli, l'altra è quella dei cantanti più avanti con l'età. Malgrado sapesse che gli One Direction costituivano una prospettiva interessante, Simon stette al gioco reagendo con sarcasmo alla notizia: «Grazie, mi avete ricompensato bene per tutto il lavoro che ho fatto quest'anno nella serie».

Quando andò in onda la puntata, i telespettatori si godettero tutta la storia che aveva preceduto la formazione dei due gruppi. E fra quelli c'erano ovviamente i membri della band e i loro famigliari. Johannah, madre di Louis, disse alla stampa locale: «Per guardare la fase del boot camp in onda la domenica abbiamo riunito tutti i parenti ed eravamo orgogliosi di Louis e degli altri ragazzi. Lui non sta nella pelle, non riesce a credere di essere arrivato fin lì».

Per la fase nella casa dei giudici la band dovette prendere l'aereo per Marbella, in Spagna, in previsione dell'esibizione davanti a Cowell. I partecipanti ritenuti migliori in questa fase si sarebbero guadagnati un grosso premio: un posto nelle esibizioni dal vivo. Quelli meno abili sarebbero andati incontro a una cocente delusione. Liam lo sapeva bene, e qualsiasi calciatore ve lo confermerà: perdere una semifinale è peggio che perdere la finale. Per *The X Factor* vale la stessa cosa, e la casa dei giudici equivale a una semifinale di calcio. I ragazzi erano tesi ed eccitati, specialmente Zayn, per il quale si trattava del primo viaggio all'estero. Per l'occasione aveva dovuto addirittura richiedere il passaporto. Si sa come sono i giovani, e quindi a Marbella non mancarono momenti di divertimento, anche se i giornali scandalistici enfatizzarono il casino avvenuto nell'abitazione di Simon. È ben vero che ebbero anche il tempo di andare in spiaggia; Louis e Zayn ricordano di aver mangiato una pizza insieme sul mare guardando l'orizzonte.

In ogni caso erano lì per lavorare, e decisi ad arrivare al successo. Lo fecero con stile. Non solo convinsero Simon del loro talento, ma lo entusiasmarono. Ripercorrendo la storia della band per *Rolling Stone*, Cowell ha raccontato di quando si accorse per la prima volta di ciò che avrebbero potuto diventare: «Fu quando vennero da me, in Spagna, dando il meglio. Me ne accorsi nel giro di un secondo: mi sforzavo di rimanere impassibile, ma solo per far sì che lo show mantenesse il filo della tensione».

Per la loro esibizione, i ragazzi cantarono *Torn*, il motivo portato al successo dall'australiana Natalie Imbruglia, che era stata giudice aggiunto in una precedente audizione di Liam. Prima dell'esibizione accadde però un guaio non da poco, quando Louis fu punto da un riccio di mare durante una nuotata con i compagni. All'inizio pensò di aver messo il piede su una pietra aguzza o su un pezzo di vetro tagliente, ma la mattina dopo, al risveglio, scoprì con orrore che il piede si era gonfiato in modo abnorme; alzandosi per cercare un rimedio, cadde per terra. Chiese aiuto e fu portato in ospedale, dove gli fu fatta un'iniezione. La reazione al dolore dell'ago fu così intensa che il povero Louis ebbe dei conati di vomito.

Nel frattempo, la band aspettava con ansia di capire se sarebbe stata in grado di esibirsi. Vedendolo tornare dall'ospedale, i ragazzi erano così contenti che lo soffocarono di abbracci, sollevandolo per trasportarlo al provino decisivo. Quando si presentarono per cantare, Cowell notò subito che Louis era leggermente claudicante, ma fu rassicurato dal ragazzo che gli disse di stare benissimo. Poi cantarono. Liam attaccò i primi versi, Harry completò la strofa e tutti insieme eseguirono il ritornello. Mentre ancheggiavano durante il ritornello finale, era evidente il loro affiatamento di gruppo, tenuto conto della loro giovane età, sia come individui sia come band.

Alla fine Cowell non si sprecò in elogi, dicendo con tono asciutto: «A dopo». Tuttavia, mentre i ragazzi lasciavano la scena, faticava a contenere l'entusiasmo. Con Sinitta, la sua aiutante, non poteva che esprimere un'enorme soddisfazione per l'audizione. «Appena uscirono saltai su dalla sedia», ha detto a *Rolling Stone*. «Avevano la cosa giusta: sicuri, divertenti. Gli arrangiamenti erano farina del loro sacco. Erano una combriccola affiatata, non avevano paura di niente.» Non ci fu bisogno di particolari riflessioni per decidere se spedire gli One Direction direttamente alle esibizioni dal vivo.

Eppure, quando il giorno dopo dovette comunicare la notizia, Simon si mantenne il più possibile indifferente per far aumentare la tensione in loro e nei telespettatori: «Razionalmente ritengo che sia un rischio, ma il cuore mi dice che meritate una possibilità».

I ragazzi aspettavano ancora, trattenendo il fiato per l'ansia. Liam in particolare era tesissimo, non voleva andare a casa per la seconda volta di fila. «Ecco perché la decisione è difficile, ma ormai è fatta, ragazzi, ho deciso con il cuore e siete promossi!» concluse Simon.

Il boato di risposta disse tutto. Poi corsero verso di lui: il primo ad arrivare tra le braccia del mentore fu Harry. «Sono veramente impressionato dalle vostre capacità, sul serio», disse Cowell. Quindi, quattro dei nuovi finalisti si tuffarono nell'adiacente piscina con i vestiti addosso. «Eravamo impazziti di gioia», ricorda Liam. Ancora indisposto per la puntura, Louis decise di stare fuori dall'acqua.

Sull'aereo che li riportava in Inghilterra, i componenti della band erano elettrizzati. Ce l'avevano fatta ad accedere alle esibizioni dal vivo e in un breve lasso di tempo sarebbero stati lanciati davanti alle folle inglesi. Per ripetere la frase che viene gridata all'inizio di ogni concerto live di *The X Factor*, era ora... di affrontare... la musica!

7

DAL VIVO!

In verità, la cosa più temibile che affrontano i concorrenti dal vivo non è la «musica», e nemmeno i giudici, ma il voto del pubblico.

L'esibizione dal vivo è un'esperienza eccitantissima. Non si tratta soltanto di esibirsi di fronte al pubblico che gremisce la sala e a quello rappresentato dai milioni di spettatori della prima serata televisiva: si deve anche attendere il responso settimanale di ciascuno dei quattro giudici.

Una volta superato questo scoglio, c'è da affrontare il voto del pubblico. Le linee telefoniche vengono chiuse dopo ventiquattro ore, e gli ultimi due candidati si sfidano in una sorta di spareggio prima che la giuria decida chi mandare a casa.

Preparandosi al primo weekend, i nostri ragazzi speravano almeno di accedere alla seconda settimana. Non potevano immaginare che li attendevano dieci settimane di esibizioni dal vivo, dato che sarebbero arrivati fino in fondo, al gran finale.

Ogni settimana i giudici avrebbero espresso un'opinione sulla loro prestazione. Anche se i riscontri sarebbero stati perlopiù positivi, ogni giudice aveva le sue peculiarità, e i ragazzi con il tempo ci si abituarono.

Per esempio, Louis Walsh di solito li considerava «la prossima boy band che avrebbe avuto successo», ma gli elogi erano sminuiti dalla sua tendenza a prenderli un po' in giro insieme con Cowell. Dannii Minogue era la più critica: le sue osservazioni però non erano mai sferzanti ed erano sempre imparziali e precise, dato che mirava a ottenere il massimo da loro. La sua franchezza era dovuta al fatto che non si era fatta prendere dalla mania, che ormai dilagava, per gli One Direction. Ammiccando, Cheryl Cole ammetteva invece di essere stata conquistata dalla band.

Cowell, ovviamente, era sempre padrone di sé; in quanto mentore della band, nonché re di quell'universo televisivo, se ne stava seduto con le sue spalle larghe, in senso letterale e metaforico, mentre i piccoli prodigi navigavano con il vento in poppa, una settimana dopo l'altra.

Ma cominciamo dall'inizio...

Prima settimana
Tema: i numeri uno

In questo periodo gli One Direction cantarono *Viva La Vida* dei Coldplay, una scelta che molti spettatori considerarono sorprendente. Era stato deciso infatti che quella non sarebbe stata un'altra boy band dalla scarsa fantasia. La tentazione di affibbiarle una ballata sullo stile dei Westlife, un inno dei Take That o un pezzo scatenato dei The Wanted era stata forte. Invece le appiopparono una canzone dei Coldplay: «Nessuno li assocerebbe ai Coldplay, però funziona», dichiarò Cowell nel breve video introduttivo messo in onda prima dell'esibizione di ciascun concorrente. Zayn disse che temeva di sbagliare la battuta iniziale; era piuttosto provato dalla lunghezza e dall'intensità della fase preparatoria.

Per aumentare la tensione, nel video introduttivo la Cole disse: «Questi ragazzi hanno bisogno di salire sul palco e scaricare i nervi, c'è troppa pressione in giro!» Dietro le quinte, la band stava aspettando di avere il via libera; in studio avrebbero trovato il pubblico, i giudici e le telecamere che li avrebbero portati nel salotto di milioni di spettatori. Harry era così nervoso che aveva la nausea. Tuttavia, rivelò Louis, la band si era concentrata sulla canzone, senza pensare agli avversari. Un approccio saggio.

Poi giunse il momento fatidico dell'esibizione, durante la quale ogni componente mostrò differenti stati d'animo ed emozioni. Liam, al centro di tutto, appariva sicuro e padrone di sé. Era evidente la sua maggiore esperienza di spettacoli televisivi e dal vivo. Quando sembrò che la canzone stesse per perdere tensione, fu lui ad attivarsi e a sollecitare gli altri membri a riprendere quota. Intanto, Harry tradiva il suo nervosismo con una presenza scenica intensa, quasi aggressiva. Muoveva le spalle seguendo il ritmo, ma non poteva nascondere la tensione che gli si leggeva sul volto. Zayn, come abbiamo detto, era preoccupato per la sua battuta, ma quando prese correttamente il via si rilassò.

Restavano solo Louis e Niall. Per quanto riguarda il signor Tomlinson, era deliziato di trovarsi lì, sicuro della sua presenza scenica e capace anche di divertirsi. A infondergli fiducia era forse stata la combinazione di essere il componente più anziano del gruppo ma con una minore responsabilità nella canzone. Niall riuscì a sorridere per tutta la durata del numero: nessuno era mai apparso così felice di far parte di una band. Il sorriso dalle labbra gli saliva fino agli occhi, che brillavano di gioia. E continuò così, anche quando la sua parte prevedeva versi che parlavano di rimpianto e delusione; date le circostanze, l'incoerenza era perdonabile: era bello vedere come si divertivano.

Mentre si disponevano per l'assolo finale di Liam, erano tutti sorridenti per l'eccitazione e la soddisfazione di aver eseguito bene il pezzo: il loro sollievo era evidente. Conclusa la prova, si abbracciarono, come qualsiasi squadra di giovani al centrocampo dopo una partita di pallone. Fu a quel punto che i telespettatori si ricordarono che cosa stavano guardando: un gruppo di studenti agli esordi della loro carriera musicale. Ciò contribuì a renderli ancora più attraenti, conferendo loro quell'aria da «sfavoriti» che aiuta sempre ad attirare voti.

La giuria applaudì e Cowell sorrise, paternamente orgoglioso di essere il loro mentore. Walsh disse: «Caspita, ragazzi, quando l'ho saputo mi è sembrato un rischio enorme fare i Coldplay! Mi è piaciuta l'interpretazione del motivo, ve ne siete del tutto appropriati. Sono contento che la band si stia amalgamando, anche se Simon ora pretende di esser stato lui a mettervi insieme: l'idea originale era mia, Simon. Chi può negarlo? Ragazzi, credo che possiate essere la prossima boy band di grande successo, anche se avete ancora molto lavoro da fare». E aggiunse, polemico: «Ma Simon, non sono sicuro del look... Vi ha seguito uno stilista?» Mentre il pubblico si lasciava andare a motti di protesta, Walsh fece una faccia truce.

Poi parlò la Minogue: «Ragazzi, non so di chi sia stata la prima idea, perché non c'ero, ma pare proprio che andiate d'accordo, che siate la band perfetta». Furono talmente compiaciuti dal commento che si congratularono a vicenda. Il loro entusiasmo era contagioso. «La canzone è meravigliosa, e voi l'avete fatta vostra», concluse l'australiana. Cheryl Cole nutriva sentimenti analoghi: «Concordo con Dannii, sembra che siate fatti apposta per stare insieme», disse, mandandoli di nuovo al settimo cielo. «Mi sa che le ragazze s'innamoreranno di voi, però dovrete lavorare ancora per diventare un vero gruppo. Tutto qua. Un po' di pazienza.»

Intervenne quindi il loro mentore: «Per quanto riguarda il tuo ruolo nel gruppo, Louis, rivedremo le registrazioni e ne discuteremo». Walsh disse che andava benissimo. Simon riprese: «Vi abbiamo messo insieme perché i vostri provini al boot camp non erano stati abbastanza buoni, però eravate troppo bravi per essere mandati via. Ci siamo assunti un rischio, e ve lo dico chiaro e tondo: la cosa più impressionante è accaduta quando stavate per mandare tutto all'aria, e uno di voi, Liam, ha preso il sopravvento e vi siete ricomposti alla perfezione. Questo è ciò che fanno le vere band». Poi si rivolse a Walsh per rispondere al suo commento sul look: «Louis, non è compito mio pensare al look di una band come questa. Abbiamo detto loro di conciarsi come volevano, io non avrei interferito, è una cosa che riguarda soltanto loro. Ragazzi, siete stati più che bravi».

In quel momento nella discussione si inserì Dermot O'Leary, il presentatore, che era sul palco: «Louis, lo dico con grande rispetto, ma come fai a sapere cosa dovrebbero indossare dei diciottenni? Lascia perdere!» Harry non si intromise nel battibecco e riassunse il pensiero della band: «È stata l'esperienza più bella della nostra vita». Zayn avrebbe detto in seguito che, lasciando il palco, fischiavano le orecchie a tutti loro. Avevano sperimentato la prima dose di uno stato euforico da successo. La sera dopo attesero nervosamente l'esito del voto del pubblico, dal quale dipendeva il loro destino. Alla fine della serie, Liam disse che l'attesa dei risultati dei telespettatori della prima settimana era stata la cosa che li aveva maggiormente innervositi. Comunque, superarono la prova e vennero ammessi alla seconda settimana. Meno fortunati furono Nicolò Festa, congedato subito perché era arrivato ultimo, e i FYD che persero lo spareggio con Katie Waissel.

Nel frattempo, Cowell si era reso conto di un fenomeno riguardante gli One Direction: appena uscivano dallo studio venivano circondati da folle di ammiratrici. «Fu una cosa insolita: all'improvviso avevamo migliaia di fan fuori dallo studio televisivo», avrebbe detto in seguito a *Rolling Stone*, «e questo accade molto di rado.» Riguardo allo scambio di battute con Walsh sul look dei ragazzi, spiegò: «Avevano buon gusto e sapevano che tipo di band volevano essere. Non desideravano essere plasmati da altri. E comunque io non sarei interessato a lavorare con persone di quel tipo». Gli esordi non potevano che essere giudicati positivi.

Seconda settimana
Tema: gli eroi

Nella seconda settimana dell'esibizione dal vivo rimanevano quattordici concorrenti. Il numero non poteva non ricordare agli One Direction e agli altri candidati quanto fosse ardua la sfida: dopo l'eliminazione di due concorrenti nella prima settimana, per essere incoronati vincitori bisognava batterne ancora tredici. L'impegno era durissimo per tutti. Fu un periodo difficile perché Harry ebbe un altro crollo nervoso durante il controllo audio. Non riusciva a respirare bene e aveva di nuovo l'impressione di dover vomitare. Vale la pena sottolineare che Harry, che è ora la figura centrale del gruppo e quello dotato di maggiore sicurezza, all'inizio faticava più degli altri a reggere la pressione. Era una sorpresa anche per lui: in precedenza non aveva mai sofferto di disturbi nervosi, e questo lo fece dubitare della sua capacità di esibirsi in pubblico.

Quella settimana la loro canzone era *My Life Would Suck Without You* di Kelly Clarkson. Il significato implicito contenuto in questa scelta non poteva essere ignorato: la Clarkson aveva vinto la prima serie di *American Idol* ed era stata la prima nella storia dei talent show ad avere un grande successo. Tuttavia, trattandosi di un pezzo per un'artista femminile, dal punto di vista musicale la scelta appariva quanto meno azzardata. La band lo eseguì bene, emotivamente carica già nella prima parte.

Mentre Liam attaccava la prima strofa, la telecamera fece una panoramica sugli altri membri del gruppo. Si vide subito che Niall e Louis erano tesi, mentre Harry seguiva il ritmo della musica. E Zayn? Appariva meditabondo e tenebroso. Alla fine della canzone, il sollievo e la contentezza dei componenti erano palpabili. Forse Zayn non azzeccò perfettamente qualche nota, ma la resa fu perlopiù corretta. Louis abbracciò con fare protettivo il nervoso Harry.

Walsh fu il primo a parlare, come sempre quando non è il mentore dei concorrenti: «Beh, One Direction, sembra che vi divertiate molto sul palcoscenico. Le ragazzine di tutte le scuole del Paese gradiranno quest'esibizione. Il mio unico problema è il vostro mentore, Simon. Kelly Clarkson: un'eroina? Perché, Simon? È una canzone strana. Voi siete davvero bravi, ma suppongo che Cowell potesse trovare un pezzo migliore». Quando scoppiarono le prevedibili proteste del pubblico presente, la Minogue disse: «Ragazzi, forse lei è la vostra eroina musicale. Devo dire che ci fate proprio battere il cuore. Insieme state molto bene, e a te, Harry, anche se sei nervoso, farà bene rimanere con questi amici. Potremo misurare la vera grandezza di una boy band come la vostra quando canterete una ballata, non vedo l'ora che giunga il momento». I ragazzi apprezzarono il suo commento, anche perché loro stessi morivano dalla voglia di cantarne una.

«Non resisto al vostro fascino, sul serio, siete molto carini!» intervenne Cheryl Cole. Harry unì i palmi delle mani come se stesse pregando: i suoi desideri erano stati esauditi. «Vorrei alzarmi e abbracciarvi per esprimervi la mia riconoscenza. Siete molto dolci, vi ho osservati per tutto il tempo pensando: Sono adorabili!» concluse Cheryl. Nel frattempo, Cowell la teneva lontana dai ragazzi, ammonendola a non avvicinarsi: «No... no... no...» Quando fu il suo turno di esprimere il giudizio, non poté fare a meno di formulare una lode sperticata alla band: «Lo dico chiaro e tondo, attualmente siete in assoluto la migliore pop band del Paese». I ragazzi ne furono sconvolti, Liam in particolare appariva strabiliato dalla dichiarazione. «Parlo sul serio, c'è qualcosa di maledettamente giusto in voi», finì Simon, per il quale non ci sono mai state mezze misure: per lui i concorrenti sono i migliori o i peggiori che abbia mai visto. Comunque, nello studio erano tutti così eccitati che nessuno prestava ascolto a queste dichiarazioni. Il pubblico accolse le parole di Cowell con un grande applauso e Harry lo incitò in modo teatrale ad applaudire di più. Altre approvazioni e festeggiamenti seguirono il voto dei telespettatori, di nuovo favorevole agli One Direction.

Terza settimana
Tema: i piaceri proibiti

Tutti i finalisti, compresi i nostri cinque, raccontarono l'esperienza pazzesca vissuta durante la passeggiata davanti agli eleganti negozi di Oxford Street, specialmente al Topshop, prima dell'inizio della terza settimana. Fu questa la prima volta in cui gli One Direction dovettero confrontarsi con l'isteria che stava montando tra i fan.

Al loro arrivo le urla delle ragazze erano assordanti. Paragonato a quanto sarebbe accaduto in seguito, questa era solo un'inezia, ma in quel frangente l'incontro fu terribilmente intenso. «Mi ha fatto l'occhiolino, mi ha fatto l'occhiolino!» gridava una ragazza, convinta di aver avuto «un momento intimo» con un componente della band. Louis ricordava di essere «stato assalito dalle adolescenti, il che non è male». Lo stesso si può dire degli abiti gratuiti che rimediarono in quell'occasione. La passeggiata era stata inserita nel programma televisivo grazie all'amicizia di Cowell con il proprietario del Topshop, sir Philip Green.

Tornando alla musica, Simon stesso spiegò perché aveva cambiato la canzone che avrebbero dovuto eseguire gli One Direction quella settimana. Come succede sempre a *The X Factor*, una decisione per altri versi normale venne resa drammatica, fu fatta passare per un evento sensazionale e trasformata in un ostacolo dalle conseguenze stratosferiche. Fu la Minogue a dire che quella era una sfida che molti concorrenti non sarebbero stati in grado di vincere, e fu così che al nostro gruppo venne data un'identità che per i talent show è preziosissima: divennero gli «sfavoriti».

Il nuovo motivo era *Nobody Knows* di Pink, la cantautrice americana. Con questo pezzo triste la band, inclusi Louis e Niall, appariva più seria e sentimentale rispetto alle settimane precedenti. Inoltre, si stavano avvicinando allo standard delle boy band: la ballata. Al culmine della canzone, i produttori pensarono bene di far partire dei fuochi artificiali, e Louis non poté fare a meno di girarsi per ammirarli.

Probabilmente, il momento più significativo dell'esibizione fu quando Harry eseguì una strofa da solo. Se Liam era senza dubbi il leader, va detto che Harry stava prendendo fiducia e risaliva la scala nella gerarchia del gruppo. Nel formulare il suo giudizio, Walsh riconobbe comunque il ruolo di Liam: «Basta che mettiate piede su un palco e tutti esplodono in urla pazzesche, come se foste cinque Justin Bieber! E tu, Liam, sei un leader brillante!» La Minogue osservò chc loro stavano «vivendo un sogno». Fu tuttavia la Cole ad apparire la più impressionata quando se ne uscì con un commento che mandò in estasi sia il pubblico sia la band: «Sapete una cosa, ragazzi? Lasciate che ve lo dica chiaro e tondo: siete il mio piacere proibito!» Un complimento dalla splendida Cheryl, eccola lì la prova inconfutabile che il gruppo stava davvero vivendo un sogno. La Cole aggiunse: «Ovunque andassero, i Beatles provocavano un simile livello di isteria popolare. State trovando il vostro passo, sono sicura che migliorerete ancora». Cowell fu come al solito un po' spocchioso. Dopo aver sfruttato al massimo la sensazione a effetto del cambiamento di canzone, disse: «Ammetto che, a prescindere dalla eccellente esibizione, a livello vocale avete fatto grandissimi progressi». Dietro le quinte, dopo lo spettacolo, Harry era raggiante e mostrava tutta la sua eccitazione per un'altra settimana di complimenti da parte della giuria: «I commenti sono stati ottimi. Se vogliamo avanzare nella gara, dobbiamo gradualmente migliorarci».

In sintonia con lo spirito della settimana, fu chiesto ai ragazzi quali fossero le tre canzoni che preferivano in assoluto, i loro piaceri proibiti. Dopo la rivelazione della Cole, a loro volta svelarono quali fossero i singoli che adoravano: primo fra tutti *Greased Lightning*, cantato da John Travolta, poi *Tease Me*, del duo Chaka Demus & Pliers, e infine *I'm Too Sexy* dei Right Said Fred, un buon successo pop, ruffiano e accattivante.

Per la base dei fan, ormai dilagante, gli One Direction non erano un piacere proibito ma un orgoglio da sfoggiare. Tutte le ragazze del Paese erano elettrizzate e sbandieravano la loro adorazione per la nuova boy band. Nel frattempo, i nostri ragazzi entravano a vele spiegate nella terza settimana con il favore del voto dei telespettatori. Negli show del weekend avevano ammirato la Cole che si esibiva dal vivo; in fondo, quando avevano presentato la domanda di partecipazione allo show, era l'immagine riconosciuta di questo giudice in gonnella che volevano imitare. Ora, avendo evitato i tanto temuti ultimi due posti per due settimane di fila, la loro sicurezza era in aumento. Certo, facevano di tutto per tenere i piedi per terra, ma già osavano sperare di meglio. La partita era aperta.

Quarta settimana
Tema: Halloween

I temi di *The X Factor* talvolta non sono molto fantasiosi, ma il ricorso a Halloween prometteva maggior divertimento del solito. Nella settimana d'intervallo i concorrenti avevano visitato il London Dungeon, e Niall in particolare ne era rimasto impressionato. Il sabato sera per i concorrenti erano previste, fra le altre, canzoni come *Thriller* di Michael Jackson, *Bat Out of Hell* di Meat Loaf e *Bewitched* di Steve Lawrence, mentre le scene erano state allestite per fare da sfondo a streghe, vampiri e altri soggetti, capaci di trasformare la serata in uno spettacolo macabro. Gli One Direction cantarono *Total Eclipse of the Heart*, il grande successo di Bonnie Tyler. Dato che era stata eseguita anche dai Westlife, la boy band irlandese, la cover ben si adattava ai cinque.

Truccati in modo vampiresco, i ragazzi interpretarono la parte su una scena allestita con ghiaccio secco. Al centro del gruppo stava Harry, ma il ruolo di leader spettava nuovamente a Liam. Niall si inseriva come accompagnamento vocale, Zayn contribuiva con la sua voce roca. Alla fine del pezzo, gli applausi del pubblico in sala furono palesemente più lunghi e calorosi di quelli riservati agli altri concorrenti della serata. Apprezzando il favore del pubblico, la band sembrava più orgogliosa e soddisfatta che mai. «Sembra *Twilight*, adoro le cose da vampiri che stanno succedendo qui», esordì Walsh, il primo fra i giudici a parlare. «Funziona, Simon.» Il fatto che non prendesse in giro Cowell e i suoi ragazzi dimostrava che la band era diventata più che una speranza. La Minogue aggiunse: «E così, avete reso eccitanti i vampiri, voglio venire alla vostra festa!» Anche la Cole elogiò il potenziale commerciale della band: «Ovunque io vada, c'è qualcuno, donne, signorine, ragazzini... tutti parlano degli One Direction. Credo che in questa gara possiate andare lontano».

Quindi, al loro mentore non restava che riassumere la performance: «Ciò che ammiro di più in voi, ragazzi, è che quando siete presenti in gara gli altri vanno sotto pressione. Ricordate che avete sedici, diciassette anni, comportatevi bene, non credete alle montature... lavorate sodo, provate e riprovate. È veramente un piacere collaborare con voi». Dermot O'Leary sottolineò lo stupore che permeava l'atmosfera esclamando: «Wow!» La sera successiva, prima dell'esibizione, Harry commentò: «Ieri è stato bellissimo. Abbiamo davvero la possibilità di dimostrare il nostro talento vocale, e spero tanto che i nostri sostenitori ci votino e ci facciano restare nello show; non vogliamo essere eliminati proprio adesso». Il pubblico dei telespettatori votò gli One Direction, che poterono così combattere per un'altra settimana.

Quinta settimana
Tema: gli inni americani

La quinta fu la settimana nella quale gli One Direction si imposero sul programma. Toccava a loro chiudere la gara, avevano la fascia finale, quella più ambita, poiché precede di pochi minuti l'apertura delle linee telefoniche attraverso le quali i telespettatori esprimono il loro voto. Con una performance di grande effetto fresca nella mente del pubblico a casa, ci sono infatti buone probabilità di attrarre un gran numero di voti. «Conoscete il proverbio secondo cui bisogna tenere il meglio per ultimo», aveva detto Cowell presentando la band, con un sorriso in cui si mescolavano fierezza, un tocco di insolenza e una buona dose di narcisismo. Era evidente che si aspettava che succedesse qualcosa.

E così fu. Dopo il video introduttivo in cui li si vedeva far confusione nella casa dei concorrenti, con Harry e Zayn in biancheria intima, i ragazzi salirono sul palco per eseguire *Kids in America*, il grande successo di Kim Wilde. Ostentavano un abbigliamento vivace, compresa la classica casacca dei giocatori di baseball statunitensi, mentre un gruppo di cheerleader sgambettava dietro di loro: sembravano proprio una band proveniente dall'altra sponda dell'Atlantico: avrebbero fatto bella figura in un programma della Disney o persino in *High School Musical*.

A un certo punto, passarono cantando dal palcoscenico alla passerella soprelevata intorno alla giuria, a pochi centimetri dal pubblico in sala che era in visibilio.

Fu una prestazione di altissimo livello. Il modo in cui Harry, sulle note finali del pezzo, spiccò un salto per poi ricadere con eleganza riassumeva la sicurezza di tutti. Walsh sottolineò il loro successo: «Ehi, ovunque io vada, vedo che intorno a voi si scatena l'isterismo. Mi ricordate un po' i Westlife, i Take That, i Boyzone... forse sarete la prossima band più in vista nel firmamento musicale». La Minogue fece un passo indietro rispetto a tutta questa esaltazione offrendo un giudizio ponderato: «Non credo che a livello vocale sia stata l'esibizione migliore della serata, ma era ottima». La Cole disse: «Mi avete rallegrato, mi avete illuminato la serata, mi sono divertita molto. Siete bravissimi, ma adoro anche chiacchierare con voi dietro le quinte, siete ragazzi alla mano».

A quel punto l'orgoglioso zio della band, Simon Cowell, dichiarò: «Non ci sono dubbi, questa era di gran lunga la vostra esibizione migliore».

Il futuro appariva radioso, ma qualcuno vi gettò un'ombra accusando la band di aver cantato in playback sulla base della canzone. Alcuni spettatori rilevarono che, a un certo punto, Zayn aveva perso la battuta ma la sua voce si era udita lo stesso, ancora prima che portasse il microfono alla bocca. Su Twitter i commenti negativi si sprecarono. Poco dopo Shayne Ward, vincitore di *The X Factor* in una precedente edizione, sul *Sun* accusò la band di cantare in playback.

Una simile polemica era l'ultima cosa che ci si potesse augurare in quella fase. Poco tempo prima gli One Direction erano ancora cinque ragazzini normali, e adesso si trovavano ad affrontare la loro prima «tempesta mediatica». Si difesero ammettendo che Zayn aveva sì perso la battuta, ma la voce che si era sentita era quella di Harry. Poiché le telecamere stavano riprendendo Zayn, era facile che i telespettatori non se ne fossero resi conto. In questo modo le critiche online si placarono e Ward ritrattò le accuse affermando che l'intervistatore aveva travisato le sue parole.

Nella serata di domenica, quando furono annunciati i risultati, la band tirò un sospiro di sollievo nel constatare di essere nuovamente sopravvissuta al voto dei telespettatori.

La faccenda del playback ferì i ragazzi, ma servì a prepararli ai lati negativi della fama e del successo. Si erano resi conto che, pur avendo una solida base di fan, non mancavano quelli che, più tiepidi nei loro confronti, erano pronti a cogliere i loro passi falsi. Le esibizioni dal vivo erano servite da corso accelerato verso la dimensione della fama, che però, a volte, può essere assai amara.

Dall'alto, da sinistra a destra. I cinque artisti Niall, Harry, Louis, Liam e Zayn diventano una band: sono nati gli One Direction.

I ragazzi legano tra di loro velocemente e non passa molto tempo prima che sviluppino uno stile tutto loro.

Sopra. Assaliti dai fan: posano con il loro mentore Simon Cowell che li condurrà alla finale.

Sotto. Nicky Byrne e Shane Filan dei Westlife offrono ai ragazzi il loro supporto.

Sopra. I ragazzi sono stupefatti dall'accoglienza che ricevono.

Sotto. Sul palco della vecchia scuola di Louis a Doncaster durante le finali della competizione.

Sopra. Chi è chi? C'è da scommettere che tutti i loro fan lo sanno.

Sotto. Non è carino? Harry con una foto da bambino durante una visita nella sua città.

Sopra. Nati per farlo: i ragazzi posano sul red carpet alla prima di *Le Cronache di Narnia: il viaggio del veliero*.

Sotto. I favolosi cinque alla prima mondiale di *Harry Potter e i doni della morte - Parte 1*.

Sopra. Conferenza stampa prima della finale di *The X Factor*: i ragazzi appaiono rilassati.

Sotto. Con i concorrenti della settima serie, compreso il futuro vincitore Matt Cardle.

Sopra. Il giro sulle montagne russe comincia: i ragazzi si esibiscono a Birmingham al tour dal vivo di *The X Factor*.

A sinistra. La band diventa il volto dei Pokémon.

Hanno iniziato alla grande: il loro singolo di debutto *What Makes You Beautiful* raggiunge la vetta delle classifiche del Regno Unito.

Sopra. Benché abbiano raggiunto il successo nel giro di una notte, i ragazzi restano sempre ragazzi.

Sotto. «Up All Night» il lancio della band: l'album venduto più velocemente del 2011.

Gli One Direction al tour Up All Night, cominciato nel dicembre del 2011, che ha toccato Europa, Australasia e Nord America.

A sinistra. Ai BRIT Awards 2012 i ragazzi chiacchierano con il conduttore James Corden.

Sotto. Il giocherellone Niall scherza con lui.

Alla conquista degli States. Gli One Direction diventano il primo gruppo britannico a raggiungere il numero uno della classifica americana Billboard con il loro album d'esordio. ***Sopra.*** Esibizione al Nickelodeon 25th Annual Kids' Choice Award.

Sotto. Un'intervista alla radio a New York.

A destra. La band va in Australia dove Liam si dedica al surf.

A sinistra. Chi è quello carino? Louis tiene in braccio un koala.

Relax al sole:
i ragazzi si godono
una meritata pausa.

Da partecipanti a un talent show a star globali: esiste solo One Direction.

Sesta settimana
Tema: Elton John

La musica di Elton John, ovviamente, è composta per esibizioni soliste. Essendo l'ultimo gruppo rimasto in gara, gli One Direction dovettero scegliere con attenzione dal suo vasto e impressionante repertorio musicale. Alla fine optarono per *Something About the Way You Look Tonight*. A loro era stato riservato il penultimo spazio della serata.

Harry, al centro della formazione, come solista diede di sé la prestazione migliore e più significativa fino a quel momento. I produttori dello show avevano notato che, mentre settimana dopo settimana intorno a Harry cresceva la tensione, lui era sempre più padrone di sé; avevano perciò deciso di metterlo vocalmente ancora più in risalto. Appena pronunciò le prime parole, il pubblico si mise ad acclamare, dimostrando che la mossa era stata azzeccata.

Alla fine Cowell si alzò ad applaudire e, mentre i colleghi giudici facevano i loro commenti, a incitare la folla acclamante. Walsh disse: «Beh, ragazzi, dopo questa performance potete procedere solo in una direzione, ossia la finale. Ieri abbiamo parlato molto insieme e credo di conoscervi bene. So che prendete le cose sul serio; lo sapete già che sarete la prossima grande band nazionale». Dannii aggiunse: «Ragazzi, siete costanti in modo pauroso!» Sentendo le grida entusiaste del pubblico, Cheryl dichiarò: «Ascoltate, sentite queste urla! Da questo si ha subito un'idea di quello che siete diventati!»

Infine Cowell disse: «Ragazzi, voglio dire una cosa. In tutte le edizioni di questo programma è la prima volta che credo veramente che un gruppo potrà vincere la gara». Poi, concludendo con i complimenti, riconobbe la loro educazione e professionalità.

Nel mondo degli One Direction tutto stava prendendo una piega favorevole. Il programma aveva fatto una scommessa formando un gruppo all'ultimo momento, una scommessa che però iniziava a dare i primi frutti.

La bravura e la popolarità dei singoli componenti aumentavano di settimana in settimana. Parlando della serata su Elton John, Louis disse: «Ieri è stato incredibile, la folla ci ha entusiasmato». Zayn espresse note più caute, riflettendo sulla sfida che cambiava ogni sette giorni: «La gara si sta scaldando adesso».

Era vero, e i fan degli One Direction si rendevano conto che i concorrenti più appetibili erano proprio loro.

Settima settimana
Tema: i Beatles

Finalmente il genere che meglio si adatta a una boy band! Tra solisti maschili o femminili, gli One Direction avevano dovuto sopportare temi settimanali scritti appositamente per artisti singoli, non per un gruppo. Adesso invece c'erano i Beatles, pane per i loro denti. Questo era vero in particolare per Liam, che nel sito ufficiale della trasmissione sostenne: «Sono appassionato dei Beatles e non vedo l'ora che arrivi la serata dedicata a loro». Prevedeva un'«esibizione complicata», piena di «armonie e improvvisazioni, ma in fondo è quello che ci si aspetta da una boy band».

Eseguirono una versione accelerata di *All You Need Is Love*. Harry fece di nuovo la parte del leone e la performance, che era iniziata in sordina, finì in crescendo, con un gruppo di ballerini e ballerine dietro alla band che saltavano su e giù. Certo, non mancarono le imperfezioni. «Grazie di esistere, ragazzi», commentò subito Walsh, aggiungendo che «è bello vedere i favolosi cinque che cantano qualcosa dei Fab Four». La Minogue volle però inserire una critica: «Vi ho sempre apprezzati, ma devo dire che stasera voi due [Zayn e Niall] avete fatto fatica. Non so se le telecamere lo hanno ripreso, ma era comunque evidente che l'accompagnamento vocale non era perfetto. Non deludete i compagni, dovete collaborare come gruppo». Venuto il suo turno, Cowell mostrò tutto il suo spirito competitivo e, facendo ampi gesti verso i colleghi giudici, disse: «Questi qui non vogliono che riusciate bene nella gara; io sì. Forza, ai voti!»

In seguito, Niall affrontò con coraggio la critica della Minogue: «Dannii ha fatto un commento negativo, ma sappiamo accettare anche questo. Raccogliamo tutto, per poi migliorare la prossima settimana». Dimostrò così che il ragazzo sfrontato delle audizioni di Dublino stava maturando, rafforzandosi in un carattere più equilibrato.

Ottava settimana
Tema: il rock

Durante l'ottava settimana Harry salì ancora nella gerarchia della band, raggiungendo la posizione più alta fino a quel momento. Anche se a Liam era riservato lo spazio vocale maggiore nella prima delle due canzoni serali, la scelta del pezzo era stata di Harry. Eseguirono *Summer of '69*, la stessa che lui cantava da piccolo. Siccome la scelta gli era stata universalmente attribuita, Harry riceveva le attenzioni di tutti. Circolavano anche voci che fosse stato lui a inventare il nome della band, dopo un commento in cui aveva detto che «procedevano in una direzione». Inoltre, nella variazione coreografica verso la metà del pezzo, aveva guidato gli altri, e mentre tornavano sul palcoscenico si era messo al centro della formazione per la parte finale. Sembrava che fosse avvenuto un cambio della guardia.

Walsh esclamò: «Ehi, ragazzi, ha funzionato alla perfezione! Ho apprezzato la scelta del pezzo, mi sono piaciute l'atmosfera e le vibrazioni, la vitalità che infondete nella competizione. Senza di voi, la gara non sarebbe la stessa». E così sia, pensò una nazione di giovani telespettatrici. La Minogue fu più benevola rispetto alla settimana precedente: «Avete lavorato bene e migliorato l'esecuzione, mi piace». La Cole era stupita dal delirio del pubblico in sala: «Tutti battono i piedi, nello studio c'è elettricità, è fantastico!»

I commenti più significativi furono però quelli di Cowell: «Non ho avuto voce in capitolo nella scelta di questa canzone, è stato Harry a sceglierla, e ha fatto molto bene». Ovviamente Harry era raggiante, sfoggiava un sorriso radioso mentre gli altri membri si congratulavano con lui; Niall addirittura giocava con i suoi riccioli. Ormai all'orizzonte si profilava la semifinale della settimana successiva e Simon ricordò ai ragazzi, e soprattutto al pubblico, che «per arrivare fin lì si erano fatti il culo», implorando i telespettatori «ad alzare per favore il telefono e chiamare».

Per la band era un periodo felice, tutti sembravano raggianti tranne Liam che, forse a causa delle crescenti attenzioni riservate a Harry, si sentiva messo in disparte. Mentre O'Leary continuava a incensare Harry, aveva il muso lungo e pareva depresso. Quando il presentatore lesse il numero che dovevano chiamare i telespettatori per votare gli One Direction, Liam era l'unico componente della band a non sorridere; a un certo punto iniziò a giocherellare con il microfono, ma per il resto era l'immagine dello sconforto.

La seconda canzone scelta era *You Are So Beautiful*. Non si poteva discutere la decisione dei produttori di concentrarsi sul contributo di Harry mentre eseguiva con grande trasporto le sue strofe, con le telecamere che zoomavano sul suo volto di adolescente, in cui gli occhi esprimevano tutto il dolore richiesto da quel pezzo. Walsh si affrettò a sostenere che i ragazzi avevano dimostrato di essere un «grande gruppo vocale, tutti si erano espressi al meglio». Dannii disse che erano strabilianti, Cheryl aggiunse di essere sicura che avrebbero avuto un «futuro brillante». Cowell precisò che «per molti aspetti questa è la vostra esibizione che mi è piaciuta di più», elogiando in modo speciale Zayn. Il pubblico a casa attribuì agli One Direction un numero di voti sufficiente per farli avanzare fino alla semifinale.

La semifinale

Il loro primo pezzo era una versione di *Only Girl (in the World)*, il grandissimo successo di Rihanna. La band ormai era disinvolta, non saliva più sul palco come il gruppo sfavorito, appena formato ma coraggioso, incapace di credere davvero nella propria fortuna.

Adesso i ragazzi avevano la solidità e la sicurezza derivate da una certa esperienza. Promisero di dedicare la canzone all'unica ragazza del mondo, e tutte le studentesse britanniche desiderarono essere lei. Walsh disse: «Settimana dopo settimana, siete migliorati sempre di più e avete portato il pubblico a uno stato di delirio per il programma. Se esiste una giustizia, meritate pienamente la finale, e credo che ci andrete». La Minogue fece un commento astenendosi dall'adulazione: «Spero che non ci deludiate mai, perché voglio vedervi arrivare al successo come boy band». Poi adottò il cipiglio da giudice ed espresse una critica costruttiva: «A volte mi sembrate ripetitivi, ma stasera siete stati brillanti, avete veramente allungato il passo per le semifinali».

Cheryl Cole raccontò poi il ruolo che aveva svolto durante la settimana, dato che aveva sostituito Cowell, temporaneamente assente, come mentore della band: «Dato che mancava Simon, in questi giorni vi ho conosciuto meglio. Mi è piaciuto consigliarvi... anche se la scelta della canzone mi è parsa pericolosa in quanto è ancora recente la notorietà del disco di Rihanna, e avete dovuto fare in modo che non sembrasse scritta per lei; non so se mi ha convinto, ma credo che questo sia poco importante. Spero di rivedervi in finale».

«Qualcuno sta mettendo le mani avanti», intervenne Simon alludendo alle parole di Cheryl. Poi rimise in prospettiva la situazione dei ragazzi. Notando il prestigio crescente della band, sentì il dovere di ricordare ai telespettatori che per farla avanzare servivano ancora i loro voti. «Ragazzi, ve lo devo dire anche se so di essere parziale, ma credo che il motivo sia stato scelto bene, è perfetto per voi, ed è questo che mi piace del vostro atteggiamento: non prendete mai decisioni scontate. Avete dimostrato di avere i cosiddetti attributi... Sentendo gli applausi del pubblico in studio i telespettatori potrebbero pensare che siete al sicuro, ma in questa gara nessuno lo è; perciò invito tutti, per favore, se volete vedere questi giovanotti in finale, a prendere il telefono e sommergerli di voti, perché se lo meritano».

La successiva canzone della serata cantata dagli One Direction fu *Chasing Cars* di Snow Patrol. Un pezzo melodico dai tratti struggenti, uno strumento perfetto per attirare voti. Chi avrebbe potuto resistere e non votarli dopo aver visto quanto si erano emotivamente immedesimati?

Nel suo commento Walsh, deciso come al solito a rivendicare un ruolo di familiarità con la band, disse: «Liam, Zayn, Niall, Harry e Louis – conosco bene i vostri nomi! Se esiste una giustizia, tutti i giovani del Paese prenderanno il telefono e voteranno per voi; lo meritate!» Dannii aggiunse: «Avete superato una settimana molto ardua, offrendo una prestazione classica, di eccellente gusto! Siete cresciuti pian piano davanti ai nostri occhi...» La Cole disse: «Questa settimana sono rimasta molto impressionata: non c'era Zayn, mancava Simon, ma avete ugualmente mostrato un livello di maturità tale da meritare un posto in finale».

Cowell affermò: «Ragazzi, Tim, che ha lavorato con voi per tutta la settimana, mi ha riferito che stamattina avete deciso di arrivare alle otto per avere più tempo per le prove, e questo è un bene. Non ci devono essere scuse, occorre seguire l'etica del lavoro. Ricominciare dopo una settimana difficile non è uno scherzo; l'ho già detto e lo ripeto perché sono sincero, mi rendete orgoglioso del vostro livello artistico. Un'ottima esibizione, bene per voi».

Davvero bene per loro: con grande gioia i ragazzi appresero che il voto del pubblico li aveva catapultati nella finale che si sarebbe tenuta dopo sette giorni. Per essere incoronati campioni di *The X Factor* avrebbero dovuto confrontarsi con Matt Cardle, Cher Lloyd e Rebecca Ferguson. Una band era in procinto di vincere per la prima volta la gara?

Dietro lo sfarzo, i sorrisi e l'eccitazione c'era la tragedia famigliare che aveva colpito Zayn. Suo nonno, che lui descriveva come cordiale e gioviale, era morto durante la settimana. Zayn era rientrato a Bradford per stare con i suoi cari e condividere il dolore di quella grave perdita. Il fatto che fosse tornato subito a Londra, in tempo per cantare dal vivo, aveva impressionato tutte le persone coinvolte nel programma, non ultimo Cowell. I suoi compagni lo protessero nel suo cordoglio e lo accompagnarono quando tornò a casa per il funerale, e Zayn apprezzò il loro gesto affettuoso.

Unità, forma e popolarità: mentre la gara procedeva, per gli One Direction tutto si stava integrando nel tempo giusto.

La finale

Prima di accedere alla finale, le previsioni per la band erano ottimistiche, almeno guardando dal di fuori. L'isteria dei loro fan dilagava, e inoltre i ragazzi avevano seguito la regola aurea della trasmissione: partire piano e dare il massimo verso la fine. Fra chi li vedeva già vittoriosi c'erano gli ex vincitori di *The X Factor*, Alexandra Burke e Joe McElderry, il cui successo aveva spinto alcuni membri degli One Direction a iscriversi allo show.

Ciò nonostante, un sondaggio pubblicato dal *Sun* il giorno stesso della finale li collocava al terzo posto, molto distanziati da Rebecca Ferguson e Matt Cardle, il favorito secondo il giornale.

Nella settimana precedente la resa dei conti, i finalisti avevano il permesso di tornare nelle loro città, uno stratagemma che serviva per creare momenti di pathos televisivo, oltre che per spronare i sostenitori «locali». Purtroppo, a causa della neve la band non poté recarsi in Irlanda, a casa di Niall; visitò però le città degli altri componenti, inclusa la Wolverhampton di Liam, dove si esibirono davanti a cinquemila persone. Liam definì l'esperienza «assolutamente fantastica, la folla era straordinaria». Ebbe persino paura dell'entusiasmo dei fan, temendo che la polizia dovesse intervenire per trattenerli. Secondo lui, la band era in uno stato di «grazia». Harry disse che «era esaltante per noi pensare che avremmo fatto piccoli concerti come quello, poi altri davanti a folle più numerose».

Al momento della grande sfida la band cercò di dimenticare il sondaggio del quotidiano per concentrarsi sulla prova che doveva sostenere. La finale si sarebbe svolta in due serate: le esibizioni e il voto del pubblico erano previsti in entrambe le occasioni. La loro prima canzone era *Your Song* di Elton John, mentre i rivali avevano scelto testi meno conosciuti. Con questo classico, noto a tutti, il gruppo sperava di racimolare i voti mancanti.

In quell'occasione Liam ebbe il suo momento di gloria: per la prima strofa lo misero sul palco illuminato da un unico proiettore fissato su di lui. Fu l'apice del suo viaggio artistico, partendo dall'esclusione del 2008 nella casa dei giudici fino all'attuale trionfo di cantante degno di figurare da solo sul palcoscenico della finale.

Dopo il primo ritornello, la band si riunì dietro ai microfoni e Harry prese il posto centrale. Con l'aggiunta di una nevicata artificiale, luci di un bianco accecante e un coro di cantanti vestiti di bianco apparsi per il gran finale della canzone, i produttori avevano arricchito l'esibizione con tutti i cliché del caso.

Walsh era più che sbalordito: «Ehi, ragazzi, siete in finale; spero che ci siate anche domani sera. È bellissimo vedere come cinque giovani si siano subito integrati tra loro. So che siete amici per la pelle. Non ho mai visto un gruppo che all'inizio della carriera riesca a provocare una tale isteria di massa. Credo proprio che avrete un futuro radioso. E in Irlanda dovrebbero votare tutti per Niall!»

La Minogue fece eco all'augurio di Walsh: «Ragazzi, vi siete impegnati tantissimo per questa gara. Vi hanno messi insieme, meritate di essere qui e vorrei tanto rivedervi domani». Cowell dichiarò senza mezzi termini che le performance di Cardle e Ferguson erano state «ottime», e lo facevano «disperare» riguardo alle possibilità della band, anche se essa aveva «dato il mille percento» ed era stato «un vero piacere collaborare». Per non far sembrare il suo intervento un annuncio funebre, concluse sulla solita nota pubblicitaria: «Spero proprio che la gente abbia la compiacenza di prendere il telefono per promuovervi alla serata di domani, perché lo meritate».

L'intensità della prima serata fu quasi insostenibile. Nessun critico televisivo potrebbe accusare la trasmissione di non saper far crescere la tensione, specialmente nel weekend finale. L'eccitazione raggiunse il culmine durante i duetti dei finalisti: Cardle cantò con Rihanna, Cher Lloyd con Will.i.am dei Black Eyed Peas e la Ferguson con Christina Aguilera, tutti artisti prestigiosi, di livello internazionale. Eppure, i nostri ragazzi ritenevano di aver avuto il compagno migliore per il duetto: Robbie Williams. Il cantante che più di tutti li aveva influenzati si sarebbe unito a loro per un'esibizione in prima serata televisiva.

E se qualcuno non fosse riuscito ad afferrare l'importanza che questo fatto rappresentava per loro, sarebbe bastato osservarne i volti, raggianti di gioia, orgoglio e incredulità, quando Robbie li affiancò durante l'interpretazione di *She's the One*. Erano talmente felici che era impossibile che il cuore dei telespettatori non ne fosse toccato. Sorrise persino Zayn.

Il duetto filò liscio come l'olio, e fu un sollievo per tutti. Williams aveva già cantato con un precedente finalista, Olly Murs, ma si era impaperato, rovinando così uno dei momenti chiave della performance.

Lo stesso Robbie era reduce da un'esibizione infarcita di errori in una puntata precedente, in cui le porte per la sua entrata in scena non si erano aperte al momento giusto così che l'esecuzione di *Bodies*, il singolo che segnava il suo ritorno discografico, era stata palesemente un po' agitata.

Alla fine del duetto con la band, Robbie gridò: «I ragazzi... One Direction! Telefonate!» Poi tutti e sei sparirono dalla scena per stringersi in un grande abbraccio. Niall fu sollevato in aria da Robbie; Louis dichiarò di essere «un suo grande fan; grazie per aver fatto questo con noi». E Robbie rispose con semplicità: «Per me è un divertimento, siete stupendi e avete talento». Harry, più serio che mai, dichiarò che era stato un piacere cantare con lui. Cowell lo descrisse come «grande amico dello show, molto generoso nel dedicarci il suo tempo; per questi ragazzi ha creato una serata eccezionale». Tanto bastò per far promuovere la band nel primo voto del weekend. Cher Lloyd fu eliminata e così, per l'ultima puntata, a lottare con gli One Direction erano rimasti Cardle e Ferguson.

La domenica la posta in palio era davvero alta. Nell'ultima esibizione della serie la band cantò *Torn*, la stessa canzone che aveva eseguito nella casa dei giudici, quindi la scelta aggiungeva altro pathos: ciò ricordava infatti ai ragazzi, e al pubblico, quanta strada avevano percorso. Gli avversari si cimentarono rispettivamente in *Firework* di Katy Perry e *Sweet Dreams* degli Eurythmics. Il successivo conteggio dei voti avrebbe escluso uno dei tre, lasciando solo due concorrenti a confrontarsi nella battaglia finale.

Per la band i verdetti furono sostanzialmente positivi, ma formulati come se quella fosse la fine del loro sogno. «La vostra chimica funziona, mi piacciono le armonie. Approvo la scelta della canzone; abbiamo cinque nuove pop star!» disse Walsh. La Minogue aggiunse: «Ragazzi, avete fatto le cose giuste per ritagliarvi un posto in finale. Una prestazione superba. Qualsiasi cosa accada stasera, sono certa che farete strada, farete dei dischi e vi affermerete nel mondo della musica». In particolare, la Cole sembrò volerli congedare: «È stato bello seguirvi fin dalle prime audizioni, e pensare che sono passati solo pochi mesi! Sono convinta che abbiate un grande futuro e voglio ringraziarvi di cuore per essere stati con noi».

Prevedibilmente, solo Cowell parlò della band come del concorrente che avrebbe potuto sopravvivere anche alla selezione seguente e vincere lo show: «Bisogna essere chiari: chiunque giunga in finale ha ottime possibilità di crearsi un bel futuro. Ma questa è una gara, e in una competizione non credo che si possa giudicare sulla base di un futuro più o meno meritato. Per quanto mi riguarda, mi piacerebbe che alla fine venisse letto ad alta voce il vostro nome, perché ritengo che lo meritiate».

A eccezione della Lloyd, fino a quel momento nel weekend si stava confermando il sondaggio del *Sun*. Se la previsione era azzeccata, i prossimi a lasciare il programma avrebbero dovuto essere gli One Direction. Da una parte c'erano Matt Cardle e Dannii Minogue, dall'altra Rebecca Ferguson e Cheryl Cole, in mezzo campeggiavano la band e Simon Cowell. Come al solito, Dermot O'Leary fece le sue lunghe, estenuanti pause per far crescere le tensione, dopodiché annunciò la promozione di Cardle e della Ferguson, escludendo così dalla gara i nostri ragazzi.

Il primo a reagire alla brutta notizia fu Simon. Sembrava a terra, quasi arrabbiato quando girò le spalle: il suo atteggiamento esprimeva disapprovazione. I ragazzi erano completamente distrutti. Da un commento su Twitter: «Sembrava di guardare in un caleidoscopio e vedere Justin Bieber quando è sconvolto».

Louis si comportò in modo coerente al suo ruolo di «più adulto» della band prendendo la parola per primo dopo quel colpo devastante: «È stata comunque una cosa straordinaria. Secondo me, abbiamo dato il meglio nella casa dei giudici, durante la prima esibizione insieme. Roba da non credere. E sapete cosa vi dico? Ci siamo espressi al massimo delle nostre possibilità, lavorando duro». Zayn, che già pensava all'avvenire, esclamò in tono di sfida: «Resteremo sicuramente insieme, non è l'ultima volta che sentirete parlare di noi»; le sue parole mandarono in visibilio i loro fan in tutto il Paese, depressi dopo la conferma dell'esclusione.

Tuttavia, lo show doveva continuare anche senza di loro, che rimasero a goderselo da dietro le quinte. Quando Cardle fu dichiarato vincitore, esultarono per lui, e quando intonò la canzone vincente, *When We Collide*, gli altri finalisti accorsero sul palco a fargli da corona. La frenesia dei festeggiamenti che iniziano a questo punto fa ormai parte della tradizione, in auge fin da *Pop Idol* del 2002. I membri degli One Direction facevano ressa per abbracciare il trionfatore. Lo spumeggiante Niall fu il primo fra tutti a gettarsi su Cardle, che appariva incredulo ma felice.

Mentre il vincitore veniva sommerso da decine di persone, Harry gli cantava il suo brano vincente e Niall si dirigeva sul palco per incitare il pubblico a fare più rumore possibile. Era un vero caos, ma il momento migliore – o, per qualcun altro, peggiore – doveva ancora arrivare. O'Leary stava infatti chiudendo la serata, e l'intera serie, quando le telecamere ripresero Harry che sussurrava qualcosa all'orecchio di Cardle. Non tutti riuscirono a captare le sue parole, ma alcuni spettatori ritennero di aver capito dalla lettura labiale.

Nel giro di pochi secondi, Twitter fu inondato da ipotesi sul tenore di queste parole, e qualcuno affermò che Harry aveva detto al vincitore: «Pensa a quanta figa potrai avere adesso». I mezzi di comunicazione si buttarono a capofitto su questa ricostruzione, provocando una serie di reazioni nel pubblico britannico: dallo scandalo, all'approvazione, al semplice divertimento. Sebbene all'inizio Harry mantenesse il riserbo su quello che aveva effettivamente detto, qualche tempo dopo confermò l'espressione scurrile, non prima però che lo scandalo avesse preso il nome di «pussygate» [*pussy* in inglese è figa]. Nel frattempo sua madre si era così arrabbiata che, quando lui tornò, per punizione lo chiuse in casa.

Ripercorrendo le vicende del programma in un'intervista concessa al sito *Digital Spy*, Harry fece ricorso a un vocabolario più adatto alle famiglie: «Poi entrammo nello studio per la prima volta, era una cosa nuova. Tutti e cinque aspettavamo il turno per le esibizioni dal vivo, per eseguire la prima canzone, e quello è stato per me il momento migliore. Era vero, lo stavamo facendo per la prima volta. Che momento eccezionale!» Avrebbero creduto, durante la prima settimana, di riuscire a percorrere tutta la strada fino alla serata finale? Anche se la loro delusione per non aver vinto era stata enorme, lo smacco era compensato dall'orgoglio per essersi comportati così bene.

Un orgoglio giustificato. Avevano un solo un interrogativo nella mente, piccolo ma importante: cosa sarebbe successo in seguito?

8

CIÒ CHE LI RENDE BELLI

DOPO la sconfitta della band, Cowell convocò i componenti per un incontro privato e disse loro: «Ho preso una decisione», facendo una lunghissima, drammatica pausa prima di proseguire. Forse ai ragazzi sembrò di essere ancora in onda... Poi svelò l'arcano, affermando di essersi convinto a cooptarli nella sua etichetta, che apparteneva alla Sony Records. Il vecchio «zio Simon» aveva dimostrato ancora una volta che, anche quando non ci sono le telecamere, gli piace tenere la gente sulle spine. Il fatto è che le sue decisioni sono spesso di portata monumentale, quindi dev'essere difficile non drammatizzarle un po', anche se ciò fa trattenere il fiato a chi è coinvolto.

Comunque, quella era la decisione nella quale sperava ardentemente la nostra band. Molti commentatori avevano anticipato l'intenzione di Simon di far firmare un contratto discografico ai ragazzi, anche se non avessero vinto la gara. Ma nessuno di loro lo dava per scontato; sapevano che l'industria dello spettacolo è spietata e volubile e che le decisioni, anche quelle più difficili, vengono prese senza tener conto dei sentimenti degli interessati. Appresa la notizia, la loro emozione era così forte che Harry, perdendo la sua abituale freddezza, scoppiò in lacrime. A quel punto non vedevano l'ora di comunicare la novità ai genitori. È ovvio che desiderassero renderli orgogliosi, tutte le persone di successo lo desiderano.

Cowell disse alla band: «Dovrete divertirvi. Farete un sacco di soldi, ma non dovete mai trascorrere un minuto senza spassarvela». Loro non lo potevano capire subito, ma Cowell aveva fatto un enorme sacrificio. Essendo convinto di avere in mano delle autentiche promesse, prima di decidere dove mandare i ragazzi aveva chiesto alle altre associate della Sony di fargli delle offerte. Invece di presentare ai cinque un contratto esclusivo con la sua etichetta, era disposto a cederli ad altre del grande arcipelago della casa discografica. Ecco come spiegò il dilemma a *Rolling Stone*: «Era un passo molto importante, così decisi che tre o quattro etichette della Sony potessero fare le loro offerte. Non me li sono accaparrati subito io. Se qualcuno avesse avuto un'idea più brillante... ero disponibile a cederli a un'altra etichetta del gruppo, perché in ballo c'era qualcosa di importante».

I ragazzi, con il cuore colmo di gioia, si separarono per le vacanze natalizie. Disponevano di meno di una settimana, ma erano contenti di ritrovarsi a casa con i parenti, di rifugiarsi nella serenità dopo un periodo frenetico, tutto dedicato alla competizione musicale. Mentre festeggiavano in famiglia, ebbero modo di riflettere sui cambiamenti intervenuti in un solo anno nella loro esistenza.

Inoltre, la realtà impartì loro un corso accelerato sugli svantaggi della fama. Durante lo shopping natalizio, nel giro di un paio di minuti dopo essere stato riconosciuto, Zayn causò involontariamente il blocco dell'attività del centro commerciale in cui si trovava. Harry notò invece il continuo affollarsi di ammiratrici davanti a casa sua; era la prima volta che si trovava a fare i conti con una simile invadenza, ma il suo unico pensiero fu che, con quel freddo pungente, le ragazze potevano prendersi un malanno.

Nello stesso periodo Louis venne a sapere che alcuni concittadini di Doncaster parlavano male del suo successo, ritenendolo indegno di tanta celebrità. Un atteggiamento tipico delle malelingue di provincia, invidiose di chi riesce a fare carriera. A lungo andare, bisogna prendere le cose per quello che sono: l'invidia è la conferma del miglioramento avvenuto. Tuttavia, a volte può essere difficile sopportarla, specialmente per un giovane come Louis. Alcune settimane prima lui stesso aveva dovuto subire commenti analoghi da parte di Steve Brookstein, un precedente vincitore di *The X Factor*. Quest'uomo di mezz'età, che ha notoriamente preso male il declino della propria fama, aveva scritto su Twitter che Louis, avendo strappato un contratto discografico, era «la persona più fortunata del mondo musicale». Sarebbe stato il primo a subire l'ira dei fan degli One Direction.

Lo sommersero di insulti su Twitter, poi scese in campo la madre di Louis che gli inviò un messaggio tagliente: «Ciao, sono la mamma di Louis. Tutta la nostra famiglia ha un debole per te, abbiamo sempre comprato i tuoi dischi. Perché sei stato così crudele? Perché far vergognare mio figlio in pubblico? Era deluso per il suo provino, incredibilmente nervoso. Ascoltalo bene su YouTube. Ha solo diciotto anni, Steve! Credevo che tu fossi una brava persona. Constatiamo invece che quello che raccontano di te è purtroppo vero». Ma Brookstein nella sua risposta rincarò la dose: «Se sei la mamma del povero Louis, durante queste vacanze natalizie ti consiglio di fargli prendere lezioni di canto. Come minimo una ventina». Twitter rischiò di andare in tilt per i messaggi inviati dai fan infuriati, ma Steve insistette: «Statemi a sentire, il ragazzo è un venditore di fumo. E per di più non ha scrupoli, è cinico, non prendetevela con me se faccio notare le sue scarse abilità. Fine». Louis replicò con dignità: «Steve, sei il mio idolo!» Una reazione elegante al sarcasmo dimostrato da un uomo che poteva essere suo padre.

Avvicinandosi la fine della brevissima pausa natalizia, gli One Direction si ritrovarono a Londra. Il primo dovere professionale per il 2011 non era dei più faticosi. Mentre i comuni mortali pativano il freddo per andare a scuola, in ufficio o al lavoro, i nostri ragazzi sfuggirono all'inverno britannico per volare verso il clima mite della West Coast. Trascorsero cinque giorni a Los Angeles, capitale dell'industria dello spettacolo. Il sole splendeva e la città brillava di stelle; le giornate trascorrevano tra shopping, visite ai monumenti e impegni professionali, inclusi una sessione di registrazione in studio e l'incontro con il produttore esecutivo Max Martin.

Rimettendo piede sul suolo inglese alla fine di gennaio, la band dovette fronteggiare l'assalto più grande mai avuto dai fan: quando atterrò l'aereo che riportava i ragazzi in patria, a Heathrow erano in centinaia ad attenderli urlando di gioia. La guardie della sicurezza dell'aeroporto dovettero scortarli fino al cellulare della polizia per evitare che la folla li travolgesse. Fu un'esperienza pazzesca, e ognuno di loro reagì in modo diverso. Louis era euforico, invece Niall si spaventò a morte.

Ci fu anche un risvolto comico per quello che successe all'ex frontman dei Boyzone, Ronan Keating, un idolo degli anni Novanta, che stava atterrando nello stesso momento. In passato era stato lui l'oggetto di quelle scene deliranti, e su Twitter commentò: «Sono appena arrivato a Heathrow, e quando ho messo i piedi a terra ho trovato centinaia di ammiratori in delirio, ma purtroppo non per me. Ah, ah. Gli One Direction erano sul mio stesso aereo». Se non altro, l'esperienza gli avrà ricordato i bei tempi andati.

L'impegno successivo prevedeva la partecipazione della band alla tournée di *The X Factor*, dove molte più ragazze urlanti avrebbero minacciato i timpani dei ragazzi. Insieme con altri finalisti del programma, si esibirono nei teatri e negli stadi di tutta la nazione, davanti ai fan più scatenati. Nei giorni precedenti l'inizio della tournée dovettero lavorare duramente, poiché era necessario imparare nuove coreografie e preparare qualche battuta umoristica per riempire gli spazi fra le canzoni. Le prove e le esercitazioni furono una faticaccia, a volte bisognava ripetere il numero una ventina di volte. In particolare, passarono delle giornate difficili alle Light Structures di Wakefield, ma ne valse la pena.

Il tour prevedeva che condividessero il camerino con gli altri artisti di sesso maschile. Così, si riunirono con Matt Cardle, Aidan Grimshaw e con il buffo Wagner. Il camerino era affollato e saturo di energie giovanili: ridevano e scherzavano ricordando le puntate del programma, mentre pensavano anche al futuro. Dopo ogni spettacolo tornavano ai rispettivi alberghi, spesso fiondandosi al bar dove passavano il resto della nottata. In due occasioni finirono per fare le battaglie con la frutta; la prima volta a Sheffield, dove ci furono cinque minuti di anarchia totale. Tutto iniziò quando Louis cercò di fare canestro con un torsolo di mela, dopodiché fioccarono i lanci; la partita di ritorno si svolse a Liverpool. Non c'è da chiedersi come mai Harry disse che avrebbe voluto che la tournée durasse all'infinito. Nel tour svolsero un ruolo rilevante anche gli ortaggi. In un'intervista, Louis ebbe la ventura di dire che lo affascinavano soprattutto le ragazze che mangiavano carote: durante lo spettacolo successivo le ammiratrici non smisero di bombardare la band con una gragnuola di radici arancioni. Già prima dell'inizio erano arrivate sventolando bandiere con disegni di carota, indossando magliette di analogo tenore e portando sporte piene di verdura. Durante un concerto, lo stesso Louis si presentò con un costume da carota. Avrebbe anche scherzato su questo fatto, dicendo che ormai «ci vedeva anche al buio!»

Sul palco si godevano ogni singolo istante. Dal concerto iniziale a Birmingham, quando il baccano dei dodicimila spettatori entusiasmò la band, alle altre serate, comprese quelle in Irlanda, fu un'esperienza indimenticabile. Servì anche come apprendistato per gli spettacoli a venire. In futuro avrebbero dovuto esibirsi in spazi sempre più grandi. Di solito i gruppi di successo costruiscono la loro carriera passando dalle esibizioni in piccoli teatri a quelle in arene di medio livello, per arrivare dopo agli stadi, piuttosto che esaurirsi in enormi arene alla loro prima esperienza. Era stato un aiuto prezioso il fatto che i ragazzi avessero già avuto degli «assaggi» del palco di fronte a grandi folle.

Fra i ricordi incancellabili del tour spiccano le occasioni in cui a Liam si strapparono i pantaloni sul palcoscenico. Questi incidenti capitavano sempre durante l'interpretazione di *Forever Young*. Va da sé che nessuna ragazza presente ai concerti ha mai chiesto il rimborso del biglietto! Durante la festa conclusiva, che si tenne nel night di un albergo dopo l'ultima serata, gli artisti, i tecnici e il personale di produzione si salutarono emozionati.

La tournée aveva evidenziato che i veri animali da concerto erano Harry e Louis, e molti spettatori avrebbero preferito il secondo al primo. Una cosa che tutti amavano indistintamente era il cibo: la catena di ristoranti Nando's con gli One Direction ha fatto i soldi.

Durante il tour, in previsione dell'agenda fitta di impegni che li attendeva, i ragazzi furono coinvolti in ulteriori progetti. Il più importante fu la registrazione di un annuncio pubblicitario televisivo per il Dual Screen della Nintendo. Il videogioco riguardava i *Pokemon* e, com'era prevedibile, tutto si trasformò in un gran divertimento. Le riprese furono fatte in una stanza d'albergo, e mostravano i ragazzi che ci giocavano. Louis era felicissimo che una clausola del contratto prevedesse la fornitura di un DS gratuito a ognuno di loro. Un altro progetto cui parteciparono fu la promozione del loro primo libro ufficiale, *Forever Young*. Le occasioni in cui subivano l'assalto dei fan che volevano farsi firmare una copia contribuirono a farlo diventare un bestseller, degno di fare concorrenza ai titoli famosi nelle vetrine delle librerie. Nei mesi successivi al programma televisivo che li aveva lanciati, gli One Direction si trovarono in una posizione strana: su di loro erano stati pubblicati più libri di quanti dischi avessero messo sul mercato. Ma la situazione sarebbe presto cambiata.

Terminata la tournée, la band si prese un periodo di riposo. Niall andò in Spagna con suo padre e un amico; Liam volò in Florida con i genitori; Louis e Harry andarono a sciare a Courchevel, sulle Alpi francesi.

Al ritorno, ascoltarono il consiglio di chiudersi in studio per incidere il singolo d'esordio. Era stata appositamente composta per loro una canzone dal titolo accattivante: *What Makes You Beautiful* (Ciò che ti rende bella).

Il pezzo comincia con un breve riff staccato di chitarra, con un tempo accelerato e vibrante che ricorda le composizioni iniziali dei McFly; poi il suono delle bacchette sui piatti introduce la prima strofa. Inizia a cantare Liam: con una voce roca e profonda, dall'accento americaneggiante, intona il primo verso, quello che cattura l'attenzione. L'accompagnamento vocale si arricchisce prima del passaggio verso il ritornello, eseguito da Harry. La sua voce sognante e appassionata si spiega al massimo dell'espressività e introduce l'esplosivo ritornello. A quel punto emerge la grande qualità del pezzo, un vero e proprio inno. Nella seconda strofa interviene una piccola variazione stilistica. Zayn ce la porge a ritmo di rap, con un leggero mordente in più, seguito da Harry con il passaggio che ci riconduce al ritornello. Dopodiché compare il «na na na na» della classica cantilena pop fino alle otto battute centrali, eseguite a cappella da Harry. Un momento inatteso di calma e tranquillità, utile per introdurre il ritornello finale, che esplode in maniera sublime. Sia dal vivo sia nel video, quando arrivano al ritornello mandano il pubblico in delirio. Il finale in cui Harry ripete il titolo chiude questi tre minuti e diciotto secondi di perfezione, almeno per la musica pop.

Una composizione astuta, un'operazione utile per la prima incisione degli One Direction, che li distingue dalle altre boy band formatesi di recente in Gran Bretagna, evitando le ballate con cambiamento di chiave tipiche dei Westlife, o la falsa atmosfera adolescenziale dei Wanted. Tutto è stato costruito per corroborare le qualità dei singoli componenti: allo stesso tempo birichini, giovani, impertinenti, profondi e confortanti. Mai una generazione di ragazze era stata indotta in maniera così evidente a darsi un ammiccante colpetto ai capelli (come dice un verso della canzone: «The way you flip your hair...»).

Scritta da Rami Yacoub, Carl Falk e Savan Kotecha, già noti per aver contribuito al successo dei Westlife, di Britney Spears, Nicki Minaj, Usher e Céline Dion, la canzone è una miniera d'oro nel genere pop. A livello musicale, la progressione del ritornello è brillante, mentre la direzione di Falk e Yacoub completa una produzione semplice solo in apparenza. Va reso merito, oltre a chi ha avuto l'idea di sceglierla, a tutti gli altri collaboratori: tracce come questa, che captano e definiscono allo stesso tempo lo spirito giovanile, sembrano facili da produrre, ma non lo sono.

I ragazzi lo avevano compreso fin troppo bene. «Quando registravamo in studio, abbiamo subito intuito che volevamo questa traccia come singolo d'esordio», ha detto Harry a *Digital Spy*. «Per noi era importante pubblicare qualcosa che fosse divertente ma non banale. Doveva rappresentarci; forse ci abbiamo messo un po' di tempo ma penso che abbiamo trovato il pezzo giusto.» Anche Liam concordava sul fatto che era adatto a loro: «Abbiamo sempre voluto che il singolo d'esordio fosse qualcosa di inatteso per la gente; quando lo abbiamo sentito, era inatteso anche per noi, e quindi si adattava a tutte le esigenze».

L'imminenza dell'uscita del singolo creava tensioni, e i nostri eroi ne erano fin troppo consapevoli. «Ci sono grandi aspettative», disse Louis. «Tutti i fan sanno che siamo stati in studio a incidere il disco, sicché le pressioni sono enormi.»

Il sound fu paragonato a diversi stili e influenze internazionali, dai summenzionati McFly, a giganti della musica come gli americani 'N Sync, dal progressive rock degli anni Settanta (i vecchi Pink Floyd), al folk messicano di un classico come *La Bamba.* Altri due artisti le cui sonorità sono simili a quelle del disco degli One Direction sono Calvin Harris ed Example. Altri hanno osservato la somiglianza del riff iniziale con quello di *Summer Loving*, celebre successo del musical *Grease*. Qui la coincidenza è curiosa, dato che alcuni componenti della band, come abbiamo visto, avevano recitato in produzioni scolastiche di questo musical.

L'11 settembre 2011, giorno della pubblicazione, i critici erano in fibrillazione. Robert Copsey, il responsabile di *Digital Spy*, fece un sacco di complimenti alla canzone, riassumendone il tema con il concetto secondo cui la donna preferita dai ragazzi della band è di «quella razza in estinzione che è splendida da vedere ma non lo sa». Il suo gradimento era di quattro stelle su cinque, anche perché il pezzo era un mix riuscito fra McFly e Pink Floyd, da cui la sua conclusione: «Come l'orsacchiotto, pegno di amicizia eterna, ricevuto dalla ragazza per cui si è preso una cotta a scuola, il brano è adorabile, completamente innocente e destinato a creare un tumulto tra i ragazzi». Il sito *Digital Spy* vive di pettegolezzi sui reality e sui personaggi televisivi, quindi ci si poteva attendere un responso favorevole. Un sostenitore meno prevedibile fu la rivista *New Musical Express* (*NME*), sulla quale Ailbhe Malone dichiarò che il brano era apparentemente innocuo, per poi rivelarsi invece travolgente. E questo, secondo lei, non era una «brutta cosa».

La Malone si dilungava poi sulle qualità tecniche del pezzo: «Sulla falsariga della loro eccellente prestazione in *My Life Would Suck Without You*, *What Makes You Beautiful* ci esalta con l'accattivante 'na na na na' delle otto battute centrali. La travolgente progressione del ritornello è geniale, è abbastanza semplice da poterlo suonare all'infinito con la chitarra alle feste». Il sito web del programma *Newsround*, alla TV dei ragazzi, diede lo stesso voto di quattro stelle su cinque dicendo: «Pensate all'estate, ai raggi del sole, alle feste sulla spiaggia con gli amici, e sentirete la vibrazione presente in *What Makes You Beautiful*. È una classica canzone pop, divertente, veloce, ritmata e incredibilmente orecchiabile». Come vedremo, non furono solo i critici musicali, o gli appassionati, a comprare il disco e ad amare questa incisione, ma anche le giurie preposte a distribuire i premi.

Diamo un'occhiata innanzitutto alla resa commerciale, una conferma che la band aspettava con fiducia. «Sono eccitato perché è tutta la vita che lavoro per questo, e finalmente ne vedremo i frutti», disse Zayn alla rivista *Top of the Pops* poco prima che uscisse il singolo. La macchina mediatica era già scattata e si era creata una tale risonanza che il brano sarebbe stato sicuramente un successo. Tre settimane prima dell'uscita, la Sony aveva annunciato che il disco aveva battuto tutti i record di prenotazione per quella che era di fatto un'etichetta minore all'interno della grande casa discografica. Un vero successo, visto che la Sony aveva pubblicato dischi di star internazionali come Michael Jackson, Beyoncé e Christina Aguilera. All'uscita la canzone degli One Direction si piazzò al numero uno delle classifiche britanniche e irlandesi, e in breve divenne un successo commerciale anche in altri Paesi.

Il video girato per lanciare il disco aveva svolto un ruolo rilevante nel successo ottenuto. Da quando si è imposta MTV, negli anni Ottanta, l'immagine di una band è determinante nella promozione musicale. Nell'era di Internet l'importanza dei video ha assunto una nuova dimensione: grazie a YouTube e ai social network, i produttori discografici possono in un certo qual modo aggirare i grandi mezzi di comunicazione e mettere i video direttamente a disposizione dei fan. Gli One Direction avevano girato il loro a Malibù, in California, in due giornate a luglio. Diretti dal regista, fotografo e produttore John Urbano, li si vede mentre guidano un camper, corrono sulla spiaggia, giocano a pallone e si divertono. La loro allegria è contagiosa. Mentre canta la strofa del primo ritornello in cui la ragazza si tocca i capelli, Harry dà un buffetto ai suoi amatissimi ricci.

Dopo il primo minuto di musica si inserisce un gruppo di ragazze, ma è quando i ragazzi si tolgono le magliette per gettarsi in mare che l'interesse degli spettatori sale. Il fatto che le scene a torso nudo fossero poche e brevi era voluto. A questo punto della carriera del gruppo, i produttori avevano scarso interesse a stuzzicare sessualmente il pubblico. Avendo notato che, per esempio, Justin Bieber aveva conquistato il mondo con l'immagine immacolata di ragazzo pulito, avevano deciso che gli One Direction non dovessero subito mostrarsi poco vestiti, cosa che era stata fatta da altre boy band.

Il momento più intimo del video è sostenuto da Harry, quando canta a cappella rivolgendosi, da vicino, a una delle ragazze. Si avverte un attimo di leggero impaccio, Harry non sembra del tutto a suo agio. La ragazza appare molto più imbarazzata e, come avranno certo osservato le fan, non esattamente emozionata per il fatto di trovarsi in quella scena. Le riprese per un video di questo genere possono essere lunghe e faticose, e speriamo perciò che le ammiratrici della band, che avrebbero ucciso pur di essere al suo posto, la perdonino.

La band doveva prendere parte anche ad altri eventi promozionali. La prima intervista televisiva cui partecipò fu quella del programma *Alan Carr: Chatty Man* su Channel 4. Grazie alla comunicativa disinvolta e arguta di Carr, emerse molto bene il carattere dei ragazzi, che riuscirono così a fugare i dubbi sull'idea, prevalente in certi ambienti, secondo cui il mondo dello spettacolo è composto da personaggi insulsi e vanitosi. Al contrario, tennero alto l'interesse e fecero ridere gli spettatori. Quella sera Harry era particolarmente ispirato ed emanava un evidente carisma. Carr non si lasciò sfuggire l'occasione di interrogarlo sulla questione della «vagina». La spiegazione ironica del ragazzo resterà nei nostri ricordi: «Sono totalmente innocente», disse. «Io e Matt avevamo parlato dei regali da fare ai nostri genitori per Natale, e lui mi aveva detto che voleva procurarsi un gran numero di gattine per la madre. E così, al momento della proclamazione della vittoria, gli dissi che a quel punto poteva procurarsi tutte le gattine [in inglese *pussy*, che significa sia vagina sia gattina] che voleva». Nessuno ci credette, ma tutti risero della sua fantasia.

Fra gli altri momenti di grande divertimento ricordiamo la sorprendente quanto azzeccata imitazione che Niall fece di Peter Dickson, il presentatore di *The X Factor*, e le disavventure di Louis con le auto americane. Carr riesumò con Louis l'attacco che gli aveva sferrato Brookstein: «Tua madre scende sempre in campo per difenderti?» al che Louis, tra le risate generali, dovette ammettere di sì. Il presentatore suscitò ilarità anche quando chiese a Harry se aveva avuto un flirt con Madison, una delle ragazze del video: «Hai fatto un viaggetto sul suo viale interno?» disse, facendo un gioco di parole con Madison Avenue e suscitando le battute più puerili. La band eseguì il singolo anche in *Red or Black*, il gioco a premi televisivo ideato da Cowell. In quell'occasione l'esperienza fu meno felice.

La canzone venne trasmessa in parte con un filmato appositamente preparato, nel quale si vedeva la band che arrivava nello studio del gioco a premi in metropolitana; le prime due strofe e il ritornello erano cantate sul treno, in mezzo ai fan scatenati, che poi inseguivano i ragazzi dalla stazione fino allo studio. Ciò che doveva essere un semplice espediente teatrale fu interpretato da alcuni come prova del fatto che, a causa di una presunta mancanza di resa dal vivo della band, si voleva impedirle di esibirsi per tutta la durata del motivo.

Si sarebbe potuto pensare che l'ottima esecuzione della parte a cappella di Harry durante il programma fosse sufficiente a fugare ogni dubbio. Il suo nervosismo e la coreografia che gli toglievano il fiato erano evidenti. Mentre cantava, gli tremavano le mani e lo sguardo era palesemente ansioso. Se avesse sbagliato il tempo, l'intera prestazione sarebbe stata un fiasco imbarazzante per tutti. Dopo aver completato bene la sua parte solista, Harry tirò un respiro di sollievo, Niall gli diede una pacca sulla spalla di ringraziamento, poi tutta la band si lanciò nell'esplosione finale. Le cose erano andate bene quella sera, o no?

Fuori onda, Harry disse di essere «desolato» per il modo in cui si era fatto prendere dal nervosismo. Si collegò a Twitter per vedere cosa si diceva di lui online, e si risentì per la quantità di insulti che trovò. Louis cercò di consolarlo, ma presto si accorse che c'era ben poco da fare: «Mi sono sentito impotente», avrebbe detto in seguito.

Gli altri ragazzi rassicurarono Harry dicendogli che gli volevano ancora bene, come del resto tutti i fan. Anzi, per molte ammiratrici il nervosismo lo aveva reso più autentico e adorabile. In fondo, era la conferma che la band era composta da giovanotti in erba. Stava diventando la regina del pop britannico, ma conservava l'immagine del gruppo venuto su dal niente. Erano stati costruiti e gestiti bene. Da quando avevano terminato con *The X Factor*, dal punto di vista fisico la trasformazione era stata relativa: apparivano e si comportavano da star del pop, ma erano sempre riconoscibili nei ragazzi che si erano presentati alle prime audizioni. Poi giunse per loro il momento decisivo.

L'album d'esordio, intitolato «Up All Night», è un'opera selezionata con cura e prodotta in modo brillante. La prima traccia è il citato *What Makes You Beautiful*. Non mancano le sorprese e i cambi di ritmo, come dimostra già la seconda traccia: *It's Gotta Be You*, una ballata adatta per le boy band. Il testo parla dei rimpianti per il male causato in maniera involontaria. E chi non può immedesimarsi con il desiderio di tornare indietro nel tempo per cambiare le cose? La bellissima parte per archi conferisce al brano un'atmosfera senza tempo che incanta l'ascoltatore; non a caso, questo pezzo è stato poi scelto come secondo singolo.

La terza traccia segna il ritorno alle atmosfere maliziose della prima. Il pop-rock di *One Thing* somiglia a *What Makes You Beautiful*, e il testo rispecchia la storia degli One Direction, specie quando dicono che hanno bisogno di una sola cosa, la qualità impalpabile che ha la ragazza della canzone; lo stesso poteva dirsi di loro, che possedevano quel quid indefinibile che avevano intuito Cowell e l'industria musicale. In *More Than This*, la traccia più lenta e delicata dell'album, ci sono alcune straordinarie vocalizzazioni in falsetto che attestano l'ampio spettro canoro della band e aggiungono una nota di serietà al lavoro. Qui è notevole pure l'assolo di Louis, la cui prestazione mette definitivamente a tacere le critiche dell'anno precedente, quando era stato insultato online.

La quinta traccia, *Up All Night*, dà il titolo all'album, ed è un fervente appello alla generazione dei festaioli. *I Wish* è invece un pezzo in tempo medio come se ne trovano tanti; non è certo sbagliato, ma se ne rimane tutt'altro che impressionati. In compenso, *Tell Me a Lie* trasuda atmosfere americane e pare fatta apposta per essere ascoltata su un'autostrada statunitense, in un'auto decappottabile e con i capelli al vento. La traccia successiva, *Taken*, sembra invece adatta alle riunioni attorno a un fuoco; le chitarre acustiche svolgono un ruolo predominante. Qui Harry emerge al meglio, e i ragazzi appaiono spavaldi e non adorabili come al solito: «Chi credete di essere?» chiedono con tono vagamente minaccioso.

Se *I Want*, la traccia seguente, somiglia nello stile ai McFly a un certo punto della loro carriera, è perché l'ha scritta Tom Fletcher, il loro compositore principale. Sebbene Fletcher avesse fatto alcuni commenti poco lusinghieri sugli One Direction quando avevano cominciato ad avere successo, ben presto ne aveva ravvisato il potenziale commerciale e fu quindi ben contento di scrivere questa canzone per loro. *Everything About You* ha le classiche sonorità dell'elettro pop in voga qualche tempo fa; e degno di particolare attenzione è soprattutto il testo, che sottolinea una volta di più l'attenzione che è stata data a tutto l'album.

Same Mistakes è una ballata molto dolce e scorrevole, in cui l'accompagnamento esalta la prestazione dei ragazzi. Nella penultima traccia la band racconta di voler salvare una ragazza dal destino che l'aspetta: *Save You Tonight* potrebbe appartenere ai The Wanted o ai JLS e solletica la sensibilità di un ampio pubblico. Ben poche ammiratrici opporrebbero resistenza a un simile tentativo di salvataggio. Quando inizia l'ultima traccia, chi ascolta per un momento potrebbe pensare che si tratti della cover di *Dynamite* di Taio Cruz. Poi, durante il passaggio per la ripresa, fa tornare in mente *Only Girl (in the World)* di Rihanna. Comunque, un inno impressionante che chiude un album impressionante.

Per quest'opera eccezionale la band aveva potuto contare su musicisti di primo piano, tra i quali Wayne Hector, che aveva composto *Flying Without Wings*, il grande successo dei Westlife, e Steve Robson, già collaboratore di James Morrison e dei Busted. Ma i due musicisti con cui si divertirono di più furono RedOne, che ha coprodotto diversi pezzi di Lady Gaga, e Ed Sheeran, il sensazionale cantautore britannico con i capelli rossi.

«È stato un onore collaborare con Sheeran e incidere l'album con lui», disse Niall. Harry era dello stesso parere, aggiungendo che tutti i collaboratori dell'album erano stati stupendi, «leggendari». Liam si diceva compiaciuto di aver potuto lavorare con Claude Kelly, una «macchina per fare soldi», colui che aveva scritto, tra l'altro, *Grenade* per Bruno Mars. Le registrazioni per l'album degli One Direction erano state fatte in Gran Bretagna e negli Stati Uniti, e ben ventidue artisti erano stati coinvolti per la scrittura delle tracce. Inoltre, i ragazzi della band figurano come coautori dei testi in tre pezzi.

L'album debuttò al secondo posto nelle classifiche britanniche; un fatto di grande rilievo, ma il fenomeno più impressionante fu che divenne l'album d'esordio venduto nel minor tempo nelle classifiche inglesi del 2011. Il disco raggiunse la top ten in altri Paesi, fra cui Svezia, Irlanda, Olanda, Nuova Zelanda e Australia. Uscito negli Stati Uniti nel marzo del 2012, raggiunse immediatamente la vetta e gli One Direction divennero il primo gruppo inglese ad avere un simile onore negli USA. Gordon Smart, il critico di costume e spettacolo del *Sun*, dichiarò: «La base giovanile dei fan farà incetta di 'Up All Night'», elogiando il lavoro per la sua capacità di unire stili e sonorità. La rivista *Cosmopolitan* scrisse che l'album era stato realizzato con «ritmi che è impossibile non amare»; il quotidiano *The Independent* previde «vendite all'ennesima potenza», mentre il *Daily Star* scrisse che l'album era pieno di «rutilanti inni pop».

Sulla scia della pubblicazione, gli One Direction iniziarono la prima tournée nella quale tenevano da soli il cartellone. Esordirono verso la metà di dicembre a Watford, poi si esibirono in diverse città inglesi e irlandesi; gli spettacoli registravano il tutto esaurito fin dai primi minuti di prevendita dei biglietti. Oltre a eseguire le canzoni dell'album, completavano lo show con *Na, Na, Na*, il lato B del primo singolo, e con alcune cover, tra cui *I Gotta Feeling* dei Black Eyed Peas, *Valerie* degli Zutons/Amy Winehouse e *Use Somebody* dei Kings of Leon. Non mancarono i combattimenti a «pallate di neve», in realtà di plastica, lanciate dall'alto della scena, alle quali seguivano festoni argentati. Niall strimpellava la chitarra acustica in diversi pezzi, e tutta la band indulgeva in scherzi ridanciani tra un'esecuzione e l'altra, trasformando la serata in un vero spettacolo. Un altro ingrediente che non mancava mai erano le urla dei fan che erano riusciti ad accaparrarsi i biglietti. Persino gli addetti degli spazi in cui si tenevano i concerti e le persone più abituate a questo genere di spettacoli erano stupiti per la confusione.

L'unico contrattempo si verificò agli inizi di gennaio, quando un'auto si schiantò contro il pullman del tour. Al suo interno si trovavano solo tre ragazzi della band, che riportarono contusioni al collo e alla testa, ma niente di grave tranne la paura.

9

IL SOGNO AMERICANO

DOPO la formazione del gruppo nel 2010, la pubblicazione di un singolo e di un album nel 2011, gli One Direction nel 2012 desideravano alzare il tiro. Da tempo si andava dicendo che il 2012 era l'anno della fine del mondo, ma i ragazzi volevano che fosse l'inizio di una nuova vita, almeno per loro. Ossessionati dal timore di essere solo effimere meteore, come spesso succede nel mondo dello spettacolo, erano determinati a fare qualcosa per rimanere il più a lungo possibile sulla cresta dell'onda e rendere globale il loro successo. Non si accontentavano nemmeno di replicare l'eccezionale andamento del 2011, volevano salire ancora più in alto. E le occasioni per concretizzare questa decisione non mancarono, a partire dalla serata più prestigiosa per il conferimento dei premi dell'industria discografica britannica: The BRITs.

L'evento si tenne nel febbraio 2012 alla 02 Arena, con James Corden, vecchio amico di Louis, che fungeva da cerimoniere. Per la band fu una serata di alti e bassi, e uno di questi ultimi li avrebbe tormentati per mesi. All'inizio ci fu però un momento entusiasmante: la candidatura nella categoria del miglior singolo britannico. Tenuto conto del numero di gruppi musicali di grande successo che in tutta la loro carriera non hanno mai vinto un BRIT, il fatto che gli One Direction fossero in procinto di trionfare in questa categoria assumeva un enorme significato. Il responso doveva venire dal voto del pubblico, e spettava agli ascoltatori di Capital Radio FM decidere chi sarebbe stato il vincitore ma, nell'eccitazione della vittoria, Harry per errore ringraziò gli ascoltatori di Radio One.

L'entusiasmo di aver ottenuto il premio era palpabile; a consegnarlo salì sul palco Tinie Tempah, il famoso rapper inglese. «Wow», fece Louis. «Mi pare incredibile essere qui.» Poi dedicò il premio ai fan. Harry prese la parola subito dopo, ringraziando i fan e aggiungendo «uno speciale ringraziamento a Radio One». Consapevole del danno che la frase avrebbe potuto provocare alla futura messa in onda degli One Direction su Capital Radio, l'addetto stampa e alle pubbliche relazioni della band inviò immediatamente un messaggio via

Twitter: «Stasera gli One Direction, mentre ricevevano il BRIT Award per il miglior singolo, hanno dimenticato di ringraziare gli ascoltatori di Capital Radio. È stato un lapsus dovuto alla concitazione del momento. I ragazzi colgono perciò l'occasione per esprimere il loro ringraziamento a tutti gli ascoltatori di questa radio che hanno votato per loro».

Anche se Harry biasimava se stesso per la gaffe, nessuno dei ragazzi volle perdersi i festeggiamenti in corso. Verso la fine apparivano stanchi ed esausti. Durante un'intervista, Niall appariva paonazzo in viso mentre Harry farfugliava. Quando riapparvero in un'intervista successiva, ormai a notte fonda, Harry se ne rimase muto davanti alla telecamera, fissandola con sguardo ebete. Quando chiesero loro come avrebbero diviso il trofeo, essi risposero scherzando che lo avrebbero fatto a pezzi o fotocopiato.

Infine, Harry ammise di aver effettivamente pronunciato la parola figa nel suo famoso commento. Le gozzoviglie della festa lo avevano indotto a un sussulto di sincerità, sicché inviò un tweet dicendo: «Lo ammetto... in effetti ho detto: 'Pensa a quanta figa potrai avere adesso', e mi scuso». La mattina dopo si ritrovarono con un bel mal di testa quando rifletterono su quella che era stata una serata memorabile.

Quando, durante l'assegnazione del premio, era stato il suo turno di parlare, Liam aveva anticipato che avevano in programma una tournée negli stadi.

La band si limitò ad annunciare le date degli eventi, che si sarebbero tenuti a partire dal 22 febbraio 2013 alla 02 Arena di Londra. I biglietti per i quindici concerti erano già esauriti a pochi minuti dall'inizio delle prevendite. Di conseguenza, furono aggiunti altri venti spettacoli, inclusi quelli pomeridiani a Londra, Cardiff, Manchester e Birmingham. La velocità con cui si riuscivano a riempire gli stadi ha dell'incredibile: gli One Direction apparivano ormai come i dominatori della scena pop inglese.

Il febbraio 2012 era stato divertente, ma il mese di marzo sarebbe stato magnifico. I ragazzi avevano sfondato anche sul mercato americano, importantissimo e quasi impossibile da conquistare. Se si guarda al gran numero di artisti britannici e irlandesi che non sono riusciti a replicare il loro successo nazionale negli Stati Uniti, possiamo iniziare ad apprezzare le dimensioni dell'impresa degli One Direction. Tra coloro che hanno fatto fiasco si possono citare i Westlife, Robbie Williams e gli Oasis; i Busted, a suo tempo la migliore pop band inglese, apprezzatissima anche in Giappone, realizzò persino un documentario per MTV dal titolo

America or Busted per spiegare la propria incapacità di sfondare negli Stati Uniti. Se numerosi personaggi tra i più famosi che per anni avevano dominato le classifiche britanniche al di là dell'Atlantico avevano fallito, chi avrebbe scommesso che gli One Direction ce l'avrebbero fatta?

Tuttavia, appena atterrati sul suolo americano, diedero il via alla campagna promozionale, accorgendosi ben presto di avere un seguito fantastico, vociante e fanatico anche oltreoceano. A Boston furono letteralmente assaliti; in Canada, a Toronto, si dovette chiamare la polizia perché davanti al loro albergo si era riunita una folla enorme, al punto che si temevano disordini.

Billboard, la rivista dell'industria musicale, scrisse: «Qui le possibilità sono enormi, la tendenza è positiva... il livello del loro talento abbinato al look che hanno... il fenomeno perfetto, capace di provocare una tempesta gigantesca, un successo sconfinato». Com'è noto, non è facile impressionare i media americani, e queste non potevano dunque essere che parole incoraggianti.

La band si rese conto che, invece di ripetere l'esperienza negativa fatta da tanti altri gruppi europei, l'impresa avrebbe funzionato a meraviglia. I paragoni tra la band e le altre esperienze musicali britanniche, anche precedenti, si sprecavano.

Il gruppo non solo fu invitato a *Today*, lo show televisivo del mattino più importante degli Stati Uniti, ma in quell'occasione fu anche presentato come la band più vicina ai Beatles. «Sono le 8.39 e siamo con il gruppo che alcuni ritengono possa causare la prossima ondata di Beatlemania...» annunciò il presentatore. «Molto probabilmente, se avete in casa una ragazza o una bambina che sta per diventare adolescente, sarà già pazza per gli One Direction.» Poi i ragazzi apparvero al *Today Show*, che si tiene accanto al Rockefeller Center di New York. In seguito parteciparono al *Saturday Night Live*. Erano tanti i gruppi di indiscusso valore che non erano mai riusciti a mettere piede in queste trasmissioni, e certo erano rosi dall'invidia.

Secondo il *Billboard*, *What Makes You Beautiful* debuttò al numero ventotto delle classifiche americane, stabilendo così la migliore posizione negli ultimi quattordici anni di un disco inglese d'esordio tra i cento migliori dischi. Già questo sarebbe bastato, ma dietro l'angolo erano in attesa altre notizie interessanti. Provate a immaginare l'esultanza del gruppo quando si seppe che «Up all Night» era diventato il primo album pop di un gruppo inglese a debuttare al numero uno nelle vendite rilevate da *Billboard*.

I ragazzi erano quasi intimiditi dalla strabiliante notizia. «Non riusciamo a credere di essere al primo posto in America», disse Harry. «Si è avverato un sogno, ma questo va persino oltre. Vogliamo ringraziare ogni appassionato di musica che ha comprato il nostro CD e tutto il pubblico americano per averci sostenuti in modo splendido.» Niall aggiunse: «Come potete immaginare, tocchiamo il cielo con un dito». Simon Cowell, il loro mentore e zio putativo, traboccava d'orgoglio: «Sono strafelice per i ragazzi, è un'impresa incredibile», scrisse sul suo account di Twitter. «Lo meritano, e i loro fan sono i migliori del mondo.»

Questo momento non era galvanizzante solo per gli One Direction e i loro fan, ma esaltava l'orgoglio dell'intera nazione inglese. A dire il vero, anche i Wanted, con il loro *Glad You Came*, che secondo *Billboard* aveva raggiunto il numero quattro nella classifica dei cento migliori dischi, stavano facendo centro in America. Un'altra nota di rilievo si ebbe quando i fan americani dichiararono che gli One Direction erano da loro amati perché britannici, e non malgrado lo fossero: «Ciò li rende ancora più attraenti».

Nell'intervista rilasciata alla rivista *Rolling Stone*, Cowell spiegò il modo in cui erano riusciti a portare a compimento l'impresa americana. Analizzando il fiasco di tanti altri artisti negli Stati Uniti, disse: «Credo che la maggior parte di queste band abbia fallito perché hanno finito per assemblare un suono a metà strada tra quello preferito in Inghilterra e quello preferito in America, il che significa cadere in mezzo all'oceano e affogare. Non interessa a nessuno».

A favorire il successo degli One Direction furono senza dubbio i social network. Grazie a Twitter, Facebook e Tumblr, la band era già commercializzata negli Stati Uniti dalla squadra più appassionata che esista: gli stessi fan. Il successo di Justin Bieber, attribuibile in origine a YouTube e Twitter, aveva fatto lezione: le cose che piacciono agli adolescenti aggirano le tradizionali, e antiquate, piattaforme promozionali. Cowell poté esprimersi con ottimismo già nel 2011, al momento del lancio della versione americana di *The X Factor*: già allora le ragazzine statunitensi cominciavano a interessarsi alla band, e gli chiedevano di continuo quando le avrebbe fatto attraversare l'Atlantico.

Tuttavia, aveva atteso che l'entusiasmo maturasse in modo naturale: «Di solito, quando riteniamo di avere tra le mani qualcosa che funziona, contattiamo le etichette americane», aveva detto a *Rolling Stone*. «Questa volta invece abbiamo pensato: Aspettiamo che squilli il telefono, vediamo chi chiama per primo.

Anziché imporlo, volevamo che notassero il gruppo e l'entusiasmo che suscitava.»

Cowell è dell'avviso che l'effetto dei social network sull'industria musicale sia «positivo», e che ciò comporti «un aumento del giro d'affari». Tuttavia, insiste sul fatto che un artista che venga lanciato con questi mezzi deve possedere un carisma intrinseco, una sua scintilla naturale, altrimenti non riuscirà a sfondare. «La band deve riuscirci da sola», ha detto. «Credo che gli One Direction ce l'abbiano fatta. Abbiamo collaborato, certo, ma senza il loro contributo, senza il modo in cui hanno saputo parlare ai fan secondo il loro stile, nulla sarebbe accaduto di quello che oggi possiamo vedere.»

Uno dei principali collaboratori di Cowell concorda in pieno: «A volte si crede che la canzone sia tutto, ma non è così, quello che conta è l'intero pacchetto», ha detto al *Guardian* Sonny Takhar, direttore esecutivo della Syco. «Questo periodo è decisivo; i social media sono diventati la nuova radio, non si è mai vista la diffusione di un artista a livello mondiale come oggi.» Resta da scoprire quanto siano sostenibili a lungo termine i social media. Per esempio, Lily Allen e gli Arctic Monkeys per lanciare la loro carriera hanno utilizzato in modo massiccio MySpace, poi però l'infinità di artisti mediocri che ha inondato questa comunità virtuale con il proprio materiale scadente ha finito per svalutare il prestigio di questo forum. Lo ammette anche Cowell: «Ci sono migliaia di gruppi in attività, ma non tutti ce la fanno».

Oltre ai fattori delineati da Simon, non bisogna sottovalutare il fatto che il mercato americano aveva un enorme spazio vuoto nella categoria delle boy band di successo. Gruppi come i New Kids on the Block, i Backstreet Boys e gli 'N Sync non erano mai stati rimpiazzati. Persino i Jonas Brothers, che comunque occupavano un settore di mercato lievemente diverso, avevano ormai da tempo espresso il meglio di se stessi. Gli One Direction, e i consimili Wanted, anche loro britannici, erano arrivati al momento giusto. Il loro successo negli Stati Uniti è spiegabile con la combinazione di due potenti fattori: il fascino e il tempismo. Si sono presentati nel momento in cui era in fase di ascesa un nuovo metodo di commercializzazione, e in cui il mercato cercava disperatamente un gruppo come il loro. Qualcuno ha tutte le fortune del mondo.

Eppure, non tutto filò liscio per gli One Direction. Erano appena sbarcati in America che un gruppo musicale statunitense omonimo pensò bene di fargli causa per l'uso del nome. Peter Ross, l'avvocato dei querelanti, affermò all'*Hollywood Reporter* di aver avvertito in anticipo l'ufficio legale della casa discografica degli One Direction che esisteva un problema di omonimia: «E anziché cambiare il nome, oppure fare qualcosa per evitare confusioni o danni, e nonostante la nostra disponibilità a un compromesso, hanno deciso di effettuare ugualmente la tournée in America. Nell'ottica di una possibile soluzione ci siamo imbarcati in estenuanti trattative per un mese, ma ci siamo arresi di fronte all'evidenza della loro inutilità».

Nel bel mezzo di questa disputa irrisolvibile, la band poté comunque consolarsi abbondantemente. La sua popolarità era in ascesa malgrado la controversia legale. Anzi, ciò rafforzò il sostegno dei fan: c'era qualcosa contro cui combattere uniti, tutti insieme. Su Twitter e sugli altri social network la preferenza era accordata in modo pressoché unanime ai ragazzi britannici. Harry e Zayn, nel corso di un programma televisivo australiano, si trovarono di fronte all'imbarazzante domanda sul cambio del nome, ed entrambi negarono questa possibilità. Zayn aggiunse: «Non sappiamo [cosa accadrà], ma non cambieremo nome».

Nel frattempo, mentre proseguivano le manifestazioni di sostegno e affetto, i cinque ragazzi cominciavano a guadagnare bene. Alcuni ritengono che coloro che vincono trasmissioni come *The X Factor* e che poi raggiungono il successo, in realtà non ne ricavino grandi soddisfazioni finanziarie. Sarebbero invece i manager a tenere le fila delle carriere degli artisti e a lucrare sul denaro guadagnato, vincolandoli con contratti capestro che lascerebbero loro solo gli spiccioli. Tuttavia, l'esperienza di cantanti come Leona Lewis e del duo Jedward, peraltro assai differenti, suggerisce che le cose stanno diversamente: lo sanno tutti, o perlomeno tale è la percezione diffusa, che hanno fatto un sacco di soldi grazie alla partecipazione a *The X Factor*.

Nel caso degli One Direction si dice che ogni componente abbia intascato più di due milioni di sterline, dato aggiornato all'aprile 2012. «Simon Cowell vuole che sappiano ciò che meritano. Hanno strappato un enorme successo, ciò che hanno raggiunto è fenomenale. Simon ritiene che, attualmente, nel mondo del pop siano le persone che lavorano più intensamente», ha rivelato a *People* una fonte interna. Nello stesso mese sono apparse alcune statistiche che hanno confermato gli introiti citati. Per esempio, *What Makes You Beautiful* ha ottenuto il disco di platino negli Stati Uniti dopo la vendita di 1.129.852 copie nei pochi mesi successivi all'uscita sul mercato. Un risultato di per sé degno di nota. Altre band britanniche già affermate non possono vantarsi di avere ottenuto altrettanto oltreoceano. E non si era mai visto un gruppo che avesse venduto tanto con l'album d'esordio.

Nel frattempo la tournée in Australia e Nuova Zelanda andava avanti. Per i ragazzi i viaggi sono un'esperienza eccitante, e non solo per Zayn, che prima di partecipare a *The X Factor* non era mai stato all'estero. Quando apparvero alla televisione australiana, centinaia di fan bloccarono l'uscita dello studio per acclamare i loro beniamini. «Questo è pazzesco, è una cosa incredibile», disse Liam quando, insieme con i compagni, vide la scena. L'isteria era al di fuori di ogni controllo e la polizia dovette faticare parecchio per ristabilire l'ordine. Un'ammiratrice disse che era disposta a fare qualunque cosa pur di avvicinarsi ai suoi idoli: «Farei di tutto per vederli, rischierei perfino un colpo di taser». Nel continente australiano, l'impatto della band fu tale che la prevendita dei 190.000 biglietti per i diciotto concerti in programma nel settembre 2013 andò immediatamente esaurita. Gli One Direction stavano conquistando il mondo.

10

IL PREZZO DELLA FAMA

DURANTE un'intervista concessa in America, Liam si è sbilanciato sulle conseguenze implicite nell'acquisizione della fama, in particolare di quella conquistata in tempi rapidissimi: «Tutto sta accadendo così in fretta, è molto difficile rendersene conto. Quando sono solo, rifletto su questo fenomeno e a volte mi vien voglia di abbandonare tutto e di tornare a casa. Una parte di me vorrebbe rifugiarsi a Wolverhampton, mettere a tacere il baccano, giocare nei campi, essere di nuovo normale. Ma credo che sia un dilemma irrisolvibile».

Vista l'esposizione ai media cui sono sottoposti gli One Direction, questa è stata una dichiarazione sorprendentemente sincera. Le sue parole rivelano che il carico di lavoro, la curiosità insaziabile e le pressioni a cui sono costretti possono a volte apparire insostenibili. Liam, che frequenta la ballerina Danielle Peazer, non si è illuso che la sua vita sentimentale avrebbe eluso le luci dei riflettori. Non avrebbe potuto essere altrimenti, visto che il successo della band si fonda in larga parte anche sul fascino dei singoli componenti.

È stato così fin dall'inizio. La serie di *The X Factor* a cui avevano preso parte si stava ancora svolgendo e già si mormorava che Zayn se la intendesse con Geneva Lane, una ragazza delle Belle Amie che ha tre anni più di lui; i pettegolezzi si sprecarono quando, nell'ultimo weekend del programma, furono beccati a baciarsi dietro le quinte. Poi erano stati visti uscire mano nella mano dagli studi televisivi. Per la stampa, queste foto erano la prova della fondatezza delle voci. Zayn però aveva da dire la sua, e scrisse su Twitter: «Ehi, ragazzi, voglio far sapere a tutti i fan che non devono credere alle montature dei giornali; siamo solo amici, e quello era un bacio tra amici».

Purtroppo, le acque erano state intorbidite in precedenza, quando Geneva aveva confermato di avere un flirt con lui: «C'è qualcosa tra noi», aveva detto a un amico in uno scambio di messaggi su Twitter. Questo presunto legame fece sì che venisse presa di mira dai fan, che volevano usarla come «tramite» per entrare in contatto con la band. Le veniva chiesto di continuo di inoltrare messaggi, compresa la richiesta di ottenere un follow su Twitter: «Credo che essere considerata alla stregua di un'assistente alle pubbliche relazioni degli One Direction sia una mancanza di rispetto nei miei confronti».

Ma Geneva non era l'unica ragazza finalista di *The X Factor* con cui Zayn era stato messo in relazione. Circolavano le voci che fosse uscito anche con Rebecca Ferguson, la seconda classificata, e stavolta ci furono conferme: «Sono innamorata, ed è una bellissima sensazione», aveva detto alla rivista *Reveal*. «Non mi sono mai sentita così. Abbiamo impiegato del tempo per scoprirci a vicenda; non è stato un colpo di fulmine, le cose si sono evolute gradualmente. Ma poi lui ha accelerato...» In effetti, sono in molti ad affermare che è stato Zayn a darsi da fare, e c'è chi lo descrive «molto convincente» quando si tratta di far cedere le ragazze.

Tuttavia, l'episodio più controverso in cui fu coinvolto un componente della band fu quello di Harry con Caroline Flack, la presentatrice di *Xtra Factor*. La storia apparve sensazionale fin dall'inizio: il concorrente adolescente impegnato in un flirt con una trentenne. Lui stesso affisse un cartello del seguente tenore: «A Flackster! Sei giovanissima... Facciamolo accadere!! Amore e baci, Harry S.» E sembra che il rapporto sia maturato rapidamente; lo stesso Harry l'aveva definita «stupenda», poi erano stati visti baciarsi durante una festa organizzata dopo uno spettacolo. La Flack si rese conto ben presto che qualunque donna, soprattutto se più grande, che si fosse legata a un ragazzo della band doveva aspettarsi un profluvio di insulti su internet. Ogni volta che i media rivelavano dettagli della relazione, per lei fioccavano minacce di morte online.

La stessa Rebecca Ferguson, quando frequentava Zayn, si era lamentata delle «dodicenni» che la insultavano ferocemente. E la Flack andò incontro a reazioni ancora più negative, persino su Twitter. La valanga di minacce e offese le procurava il voltastomaco, quindi decise di replicare con un messaggio: «Saluto tutti i fan degli One Direction! Per chiarire le cose: sono amica di Harry... una delle persone migliori che conosca... Non merito minacce di morte :-). Baci». Tuttavia si racconta che la madre di Harry non abbia abboccato, e che volesse che la Flack «togliesse le mani da suo figlio!»

Viste le esigenze delle rispettive carriere e la curiosità che scatenava il loro rapporto, la decisione di separarsi fu inevitabile. Si dice sia stato Harry a voler interrompere, anche se lui era sensibile agli eventuali danni che sarebbero potuti derivare alla sua immagine se fosse passato come uno che «scarica» le donne. Ebbe quindi il coraggio di scrivere su Twitter: «Voglio che si sappia che non ho piantato Caroline. È stata una decisione di entrambi. Lei è una delle persone più dolci e gentili che conosca. Abbiate rispetto». Una volta calmate le acque, la Flack raccontò con sincerità cos'era successo. Tuttavia, anche così le sue parole lasciarono molto spazio all'immaginazione: «Harry è adorabile, è un bravissimo ragazzo», disse al *Mail on Sunday*.

Malgrado la separazione, rimanevano in ottimi rapporti: «Innanzitutto siamo ancora buoni amici. A un certo punto siamo stati molto vicini, ma questo riguarda solo me e Harry. Ciò che è accaduto è affar nostro, ma abbiamo capito che è meglio rimanere amici». La loro relazione divenne una saga infinita, suscitando le reazioni più diverse. Caroline era invidiata per essersi «fatta» un giovanotto seducente, ma allo stesso tempo criticata come se fosse stata una seduttrice di bambini.

Harry andò incontro a disavventure di segno opposto, guadagnandosi la reputazione di ragazzo che ama indulgere in amorazzi con donne mature. Lui stesso faceva poco per contrastare questa opinione ormai diffusa, visto che subito dopo rivelò la sua passione per la famosa Kim Kardashian, anche lei ultratrentenne.

In un'intervista rilasciata negli Stati Uniti mostrò un poster della prosperosa celebrità dove aveva appiccicato un foglietto su cui aveva scribacchiato: «Chiamami... forse?» In una successiva intervista televisiva Zayn lo prese in giro per questa sua debolezza: «Harry va matto per le donne più grandi» e Harry non la prese bene. «Che regola segui? Qualunque donna più giovane di...» e a quel punto Harry lo fermò; il suo senso dell'umorismo stava per esaurirsi.

Purtroppo, i ricordi che rimangono degli incontri degli One Direction con le rappresentanti del bel sesso sono legati alle scocciature che ne sono conseguite, soprattutto per le donne. La devozione delle ammiratrici è così intensa che alcune di loro, le più esagitate, sono decise a rendere la vita insopportabile, anche grazie alla moderna tecnologia, a qualunque ragazza si avvicini alla band. La stessa Danielle, la fidanzata di Liam, ha ricevuto messaggi spiacevoli. Su Twitter se la sono presa persino con Hannah Walker, una biondina che usciva con Louis molto prima che diventasse famoso.

Una fiamma che cova sotto la cenere, e che ogni tanto divampa. Per esempio quando, nell'aprile 2012, la ventenne Anna Crotti ha sostenuto di essere stata «minacciata e costretta» online a disdire un appuntamento con Zayn. Lo aveva conosciuto durante la permanenza della band in Australia. «Mi si avvicinò una guardia del corpo, credevo di essere nei guai e invece mi disse: 'I ragazzi vogliono il tuo numero di telefono'», ha raccontato a MTV. «In seguito ricevetti un messaggino di saluti. Chiesi di chi fosse, ed era di Zayn.» All'improvviso si sparse la voce che parlava con lui, e da lì iniziarono i guai. «Alla fine della giornata ero più che impaurita. Ragazze che non conoscevo mi insultavano su Facebook. Altre telefonavano alla stazione radiofonica per coprirmi di merda. Mi chiamavano anche le mamme per chiedermi se sapessi dov'erano gli One Direction, visto che le loro figlie volevano conoscerli. Una cosa esagerata. Inviai un messaggino a Zayn dicendogli: 'Forse non è una buona idea incontrarsi, rinunciamo. Troppo chiasso'.»

Nello stesso periodo l'attenzione tornò a concentrarsi sulla vita sentimentale di Harry; mentre erano in Nuova Zelanda molti sostenevano che si vedesse con Emma Ostilly, una modella americana. Si diceva che fossero usciti insieme e che, quando l'aveva riaccompagnata a casa, si erano baciati appassionatamente sulla soglia. «Sembrava che fossero cotti, non vedevano nient'altro al di fuori di loro stessi», raccontò un testimone. In questi casi viene usato il solito riferimento giornalistico «da fonte ignota», perciò alcuni misero in dubbio la veridicità dei fatti. Harry spiegò che «era solo un'amica» e Liam lo confermò: «Non è la sua ragazza». Comunque, questo non le risparmiò il veleno delle altre ammiratrici; stanca delle scocciature, Emma cancellò il suo account su Twitter.

I componenti della band ne avevano le tasche piene di vedere cosa dovevano sopportare le ragazze con cui entravano in contatto. Erano in una bizzarra posizione: milioni di ragazze in tutto il mondo si sarebbero gettate ai loro piedi, ma nessuna poteva uscire con loro impunemente. E si poteva anche perdonarli se iniziavano a chiedersi se i fan che insultavano le loro fidanzate potessero essere definiti fan.

Verso la fine di aprile Louis aveva ormai esaurito la pazienza e decise di rivolgersi direttamente alle ammiratrici attraverso Twitter. Aveva scoperto che con l'*hashtag* #Louannah, il soprannome usato quando usciva con Hannah Walker, i fan avevano inviato a Eleanor Calder, la sua fidanzata ufficiale in quel periodo, messaggi e foto della sua precedente relazione. Questo lo fece infuriare e diede sfogo alla sua irritazione su Twitter: «La verità è che non è per niente divertente. Sto leggendo tanti tweet e sono incavolato nero!» Poi inviò un messaggio alla Calder per rassicurarla sui suoi sentimenti: «Ti voglio bene! Bacioni!» aggiungendo che «adesso non potrei essere più felice, perciò va bene così. :-) Grazie ancora». Sapeva che le ammiratrici avrebbero letto il messaggio, che era quindi in qualche modo indirizzato anche a loro.

Nel frattempo era stata trascinata nela contesa anche la Walker, una maestra elementare che, da quando aveva troncato con Louis, si era eclissata dal tiro a segno mediatico. Disse al *Daily Mail* di essere imbarazzata per lo scalpore che si era creato e di essersi presa la briga di contattare la Calder per spiegarle che lei non c'entrava niente. Sul suo celebre ex fidanzato disse: «Adesso, quando lo vedo in televisione so che ci sono due persone: una è il ragazzo di Doncaster, l'altra è il Louis degli One Direction». Lei desiderava solo che fosse felice, e va comunque detto che la maggior parte dei fan degli One Direction la pensa allo stesso modo.

Per capire il rapporto dei ragazzi con le donne, vale la pena riflettere sulle esperienze fatte dalle altre boy band. Fino ad alcuni anni fa, i manager vietavano ai componenti di raccontare in pubblico di essere fidanzati. Ai Take That, per esempio, fu ordinato di non ammettere mai di avere una ragazza poiché, dimostrandosi sentimentalmente «impegnati», rischiavano di non affascinare le altre fan.

Per gli One Direction si decise fin dall'inizio di adottare un approccio completamente diverso: potevano avere flirt e fidanzate, e persino sbandierarlo ai quattro venti. In un incontro con i responsabili della loro casa discografica, i ragazzi vennero addirittura incoraggiati a intrecciare rapporti con donne un po' più mature, visto che in questo caso le conseguenze provocate da eventuali separazioni avrebbero causato meno danni.

La diversa immagine studiata per loro riguardava l'intero «pacchetto»: «Vogliamo fare qualcosa di diverso da ciò che la gente si aspetta da una tipica boy band», ha commentato Niall al *National Post* canadese. «Sperimentiamo un tipo diverso di musica e vogliamo rispettare la nostra identità, non ci interessa creare una falsa immagine di candore.» Forse, con il tempo, la frenesia riguardo alle questioni sentimentali si calmerà; i veri fan, che desiderano solo il bene dei ragazzi, si faranno sentire al di sopra dei pettegolezzi, e la vita migliorerà per tutti.

Non dimentichiamo che la tribù degli appassionati è amichevole e piena di affetto. I fan hanno usato spesso Twitter per offrire supporto e sostegno. L'irritazione della band per i tweet sulle loro relazioni è passata in secondo piano dopo che si è diffusa la notizia della morte di una zia di Zayn, nel febbraio 2012, periodo in cui il gruppo era negli Stati Uniti. Venne prenotato subito un biglietto per Zayn su un volo di ritorno perché potesse stare vicino alla famiglia. Fu Harry ad annunciare il fatto su Twitter: «Zayn ha perso una cara parente ed è tornato a casa per alcuni giorni, quindi non sarà con noi nei prossimi concerti americani. In questa triste circostanza, il nostro cuore è con lui e con la sua famiglia».

I fan erano sconvolti dal nuovo dolore che aveva colpito il loro eroe, che aveva già perso il nonno durante le esibizioni dal vivo di *The X Factor*. Perciò inaugurarono un *hashtag* per Zayn e la sua famiglia, chiamato #StayStrongZayn, che si diffuse su Twitter. Zayn ricomparve in pubblico per la prima volta dopo il lutto inoltrando un tweet di un altro utente: «Dio non ha telefono, ma gli parlo. Non ha Facebook, ma è lo stesso un mio amico. Non usa Twitter, ma lo seguo ancora».

Questa storia riflette i veri sentimenti dei fan, che in futuro saranno ancora dalla parte degli One Direction; essendo stati a fianco della band fin dai suoi esordi, sanno di aver svolto, e che svolgeranno sempre, un ruolo in questa storia di successi.

11

«LIVING WHILE THEY'RE YOUNG!»

I Maya avevano profetizzato la fine del mondo nel 2012. Con grande sollievo di molti, il mondo non è finito, ma il pop planetario si è piegato al dominio degli One Direction. Il loro album di debutto ha continuato a stravendere, raggiungendo la vetta della classifica in oltre sedici Paesi, e il seguente sarebbe arrivato al top in un numero addirittura doppio di Paesi.

Nel corso dell'anno la popolarità e l'influenza dei fantastici cinque hanno continuato a salire vertiginosamente, e con esse i guadagni: a giugno il loro impero economico, ormai esteso a tutto il pianeta, veniva valutato in cinquanta miliardi di dollari. La band, da sola, si è trasformata quasi in un'industria in miniatura: il team ristretto di persone addette a occuparsi direttamente degli One Direction (comprendente manager, stilisti e produttori) ammontava a novanta persone. Considerata la velocità della diffusione del loro successo su un mercato leader come quello americano, era naturale aspettarsi che i loro profitti non potessero che continuare a crescere, e secondo le ottimistiche previsioni della loro casa discografica nel 2013 le entrate della band raddoppieranno.

Il 2012 è stato un anno magnifico, senza un attimo di sosta. Il picco, musicalmente parlando, è stato a novembre, quando è uscito il secondo album della band, dal malizioso titolo «Take Me Home», portami a casa. Durante le varie tappe della produzione, il disco era stato pensato come una nuova, preziosa opportunità di impregnare la musica degli One Direction della loro individualità e del loro fascino. Come ha dichiarato il compositore Carl Falk a *The Independent*: «È importante che la musica rispecchi la loro personalità». E su come raggiungere questo obiettivo, alla band non sono certo mancate le idee. Nel delineare il manifesto programmatico dell'album, Harry ha parlato per conto di tutti e cinque: «Molti meno sintetizzatori, più chitarre e più percussioni». Il risultato è un disco che ha confuso le aspettative.

Il primo pezzo si apre con l'intrigante riff di chitarra che annuncia la loro hit *Live While We're Young*. Il brano esplora sonorità già conosciute, e per tonalità, struttura e, nel complesso, motivo, è somigliante a *What Makes You Beautiful*. Ciononostante, l'album presenta più di un sorprendente asso nella manica. La seconda traccia, *Kiss You*, costituisce finora la loro canzone più scatenata, tre minuti di pop accattivante e mozzafiato. Fino a quando il brano farà parte della scaletta dei loro spettacoli dal vivo, i cinque ragazzi dovranno mantenersi in allenameno per riuscire a eseguirne il testo, che è velocissimo, quasi uno scioglilingua. Il terzo brano è la grande sorpresa. Nato dalla collaborazione di Ed Sheeran e Fiona Bevan, *Little Things* non ha precedenti nella produzione degli One Direction: si tratta di una delicata ballata acustica il cui testo esprime una profondità di emozioni che la band non aveva mai rivelato prima. Niall ha fatto notare come il successo di *Little Things* abbia ampliato non solo il numero, ma anche la composizione dei loro fan. «Di sicuro sta allargando la nostra audience», ha dichiarato a *Billboard*. «C'è un sacco di gente, di mamme, di papà, che mi avvicina per dirmi che amano quella canzone.» (Sheeran, che è grande amico dei cinque ragazzi, è autore di un altro brano dell'album, la meno memorabile *Over Again*.)

Last First Kiss è un'altra matura ballata, anche se più rockeggiante rispetto a *Little Things*. Un altro brano, *Change My Mind*, che sarebbe stato giudicato troppo maturo per il loro album di debutto, sia dal punto di vista musicale sia del testo, si inserisce invece alla perfezione in «Take Me Home»; così come *Back For You*, in cui i ragazzini innocenti del tempo che fu rivelano intenzioni più adulte e conturbanti nei confronti delle onnipresenti protagoniste femminili delle loro canzoni. Una cosa si può dire con certezza, a giudicare dai risoluti suggerimenti che migliaia di fan lasciano ogni giorno ai ragazzi su Twitter: poche ammiratrici si sono offese per la canzone, descritta da Louis come una «tipica canzone da band».

Altrove, se l'attacco di *Live While We're Young* si è guadagnato degli indovinatissimi paragoni con il gruppo punk britannico dei Clash, *Rock Me* fa venire in mente un'altra band degli anni Settanta: il battimano ritmato ricorda i Queen. Per la seconda volta di seguito, il loro album include un brano scritto dai McFly: si tratta di *I Would*. Tuttavia, l'inserimento del pezzo ha suscitato qualche polemica quando, in occasione di un'intervista per il quotidiano *Metro*, Danny Jones dei McFly ha lasciato a intendere che agli One Direction fosse stato rifilato del materiale di scarto. La storia ha sollevato un gran vespaio, tanto che un altro membro dei McFly, Tom Fletcher, si è affrettato a smentire, dichiarando che era «ovviamente tutto falso» e che Jones stava solo scherzando.

Riguardo alle canzoni scritte dei membri della band, secondo gli One Direction le sessioni più produttive non sono state quelle a cinque. «In realtà, di solito componiamo in tre», ha spiegato Liam. «In tre si lavora bene. Invece, se ci si deve confrontare con più di due persone le idee rischiano di confondersi un po'.»

Il risultato di queste sessioni di composizione, e di quelle dei professionisti talentuosi e creativi con cui sono in contatto, è un set di canzoni pop che sono andate a costituire un album memorabile accolto da recensioni positive. Secondo *The Independent:* 'Take Me Home' è pop che fa stare bene, di quello che si canta con la spazzola in mano come microfono (...) un invito a strapparsi i capelli per l'entusiasmo dall'inizio alla fine». Il *Boston Globe*, più tiepido, lo ha giudicato «uniformemente curato e allegro», mentre la rivista *Rolling Stone* ha espresso la sua preferenza per i pezzi più movimentati rispetto a quelli più leggeri, sentenziando che «regge il confronto con la migliore produzione dei Backstreet e degli 'N Sync, quando il ritmo sale».

Dal punto di vista commerciale, al contrario, non servono giri di parole: l'album è stato un successo strepitoso. È arrivato al primo posto delle classifiche in qualcosa come trentacinque Paesi, inclusi Gran Bretagna, USA, Canada e Australia. I cinici che sostenevano convinti che gli One Direction sarebbero stati una «meteora» hanno dovuto correggere le loro malevole previsioni: incredibile ma vero, la boy band, già famosissima, sta crescendo in popolarità.

Nel corso del 2012 Louis, Liam, Niall, Zayn e Harry sono stati impegnati anche in esibizioni dal vivo, mettendo insieme una serie di impeccabili performance basate sugli spettacoli precedenti. Oltre a proporre con entusiasmo il loro materiale, i cinque ragazzi hanno continuato a cimentarsi nelle cover di altri artisti, fra le quali la celebre *Teenage Dirtbag* dei Wheatus. Il primo a suggerire di inserire il classico del punk pop nel loro repertorio live fu Louis. All'inizio la sua proposta non fu accolta all'unanimità. «Quando ci propose il brano tutti risposero: 'Sì, dai, facciamolo!' tranne il sottoscritto», ha ammesso Zayn in un'intervista a *Billboard*. «I ragazzi se la ridevano. Ma poi ha cominciato a piacermi.»

Le loro esibizioni dal vivo nel corso del 2012 hanno raccolto elogi persino dai critici più ostici. Anzi, più di una volta questi ultimi si sono detti piacevolmente sorpresi dal livello delle loro abilità vocali e dalla loro complessiva capacità di tenere il palcoscenico. I giornalisti dovevano ammettere che, dopo tutto, gli One Direction non erano solo un gruppo di ragazzi carini. Di un loro spettacolo dal vivo *Rolling Stone* ha scritto: «Non ci sono state né le tanto temute tracce preregistrate né stecche, cosa che fa sempre piacere in uno show di musica pop».

Altro particolare che ha suscitato curiosità è il fatto che i cinque ragazzi non ballano durante le loro esibizioni. Per le boy band degli anni Novanta, danze e coreografie erano curate come e quanto le performance vocali. Per gli One Direction, invece, non è così. «Noi non balliamo perché non lo sappiamo fare», ha confessato Louis a *Billboard*. «I nostri spettacoli, per quanto riguarda la produzione, sono sempre piuttosto minimalisti.»

Un'altra peculiarità positiva della band è che i ragazzi sostanzialmente si equivalgono in quanto a talento vocale, mentre negli anni precedenti, per tradizione, nelle boy band c'era sempre stato un membro che eccelleva sugli altri (Bobby Brown, Justin Timberlake, Michael Jackson, e via dicendo). Diversi commentatori hanno identificato Niall come quello che nell'insieme è il vocalist più naturale nelle esibizioni dal vivo. Niall ha spiegato a *Vogue* come mai ama tanto le tournée. «Mi piace da morire. Adoro tutti quegli urli. E piace anche al pubblico: si sono procurati i biglietti, magari è da un anno che aspettano di vederti, e perciò devi offrirgli il meglio di te.» Band e spettatori sono ugualmente determinati a passare una serata grandiosa, e non c'è da meravigliarsi che i biglietti per i loro concerti vadano a ruba.

A proposito di concerti, gli One Direction si sono esibiti in show televisivi, in occasione di cerimonie di premiazione e altri eventi speciali, fra i quali una memorabile apparizione alla cerimonia di chiusura delle Olimpiadi del 2012. Per Harry, il pomeriggio passato al villaggio olimpico è stato il momento clou dell'intero anno. «Per me non c'è stata esperienza più grandiosa delle Olimpiadi», ha dichiarato. «Pensate solo all'emozione di stare là, con le nostre famiglie al completo... Una sensazione incredibile!»

Ha trovato divertente anche la partecipazione agli MTV Music Awards, dove i ragazzi della band hanno potuto mostrare le loro capacità artistiche ai personaggi di spicco dell'industria musicale.

Per i fan americani degli One Direction il top è stato il concerto al Madison Square Garden, il tempio newyorchese dello spettacolo. Si è trattato di un'occasione speciale per tutti i membri della band, soprattutto per Liam, che adora gli Stati Uniti. Mentre se ne stavano dietro le quinte in attesa di essere catapultati di fronte a un pubblico di ventimila persone, quasi non riuscivano a credere che stavano per cantare in quello stadio leggendario, dove si sono esibiti solamente i più grandi rappresentanti del mondo del pop. Sapere che i biglietti per l'evento fossero stati tutti venduti nei primi sessanta secondi dall'apertura dei botteghini non aveva fatto che accrescere il loro orgoglio... e l'ansia che precedeva lo show.

Louis era agitato perché temeva che non fossero stati abbastanza scrupolosi durante le prove. Invece andò tutto liscio come l'olio, e durante la loro vibrante performance i ragazzi sottolinearono più volte il proprio entusiasmo. «Sono emozionatissimo», ha detto Zayn ai fan urlanti. «Arrivo da una cittadina di Bradford, alla gente come me non capitano queste cose!» «Questa è la notte più bella della nostra vita», ha aggiunto Niall. «Siete arrivati fin qui da tutto il mondo e quello che sta accadendo qui stasera non ci sembra vero.» Ed Sheeran li ha raggiunti sul palco per interpretare con loro *Little Things*, e al momento di coronare il bis con il loro primissimo successo, *What Makes You Beautiful*, i cinque ragazzi avevano ormai New York in pugno. Più tardi hanno proseguito la nottata di festeggiamenti all'*Hudson Hotel*.

Ma poi hanno dovuto rimettersi al lavoro, perché la macchina One Direction non consente di riposare sugli allori. Nel novembre 2012 i cinque ragazzi hanno annunciato il progetto di un film per il grande schermo. Seguendo l'esempio di Justin Bieber e del suo grande successo *Never Say Never*, hanno deciso che sarebbe stato girato in 3D. La pellicola sarà diretta da Morgan Spurlock, molto conosciuto per il suo lavoro nel documentario *Super Size Me*. Il regista lo descrive come un compito da non sottovalutare, come un'«impresa epica».

Nel frattempo, Simon Cowell ha dichiarato che il film è per i fan, un omaggio per come «hanno scritto la storia, in ogni angolo del mondo». A MTV Niall ha assicurato che il film sarebbe stata un'opportunità per i fan di avvicinarsi a loro, spiegando che l'obiettivo è quello di «far capire come siamo fatti» in modo che il pubblico «ci possa conoscere meglio». A Niall è stata data una videocamera, perché facesse qualche ripresa «artigianale» da aggiungere al montaggio della pellicola. Harry crede che il film costituirà per lui un importante documento personale, un'eredità importante e interessante per le future generazioni della famiglia Styles. «Sarà fantastico poterlo rivedere quando saremo più grandi, e magari mostrarlo ai nostri figli», è stato il suo commento. Quando il film uscirà, nell'agosto del 2013, l'assalto dei fan sarà assicurato.

Intanto la band ha proseguito imperterrita nella sua marcia trionfale. La rivista *Billboard* ha scelto gli One Direction come Top New Artist del 2012. «Ottenere un riconoscimento del genere in America è una cosa assolutamente straordinaria», sono state le parole di Louis alla bella notizia. Il trionfo americano ha incrementato notevolmente i loro risultati complessivi dal punto di vista commerciale: nell'autunno del 2012, la band aveva già venduto oltre quindici milioni di copie in tutto il mondo, un dato strabiliante, soprattutto in un periodo in cui le vendite di dischi sono precipitate. Com'è ovvio, grazie all'enorme successo sono cresciuti anche gli introiti personali dei componenti della band. In ottobre, secondo la rivista *Heat*, sono entrati nella lista delle giovani celebrità più ricche in virtù di un patrimonio che, sommando i redditi personali, ammonterebbe a 26,33 milioni di sterline.

Ma ogni privilegio ha anche i suoi risvolti negativi: se da un lato i ragazzi hanno accumulato ricchezze, dall'altro hanno dovuto rinunciare alla privacy. Quando Liam ha troncato con la sua ragazza, Danielle Peazer, la vicenda ha avuto un'enorme eco sui media: il dibattito sulla rottura fra i due è stato così intenso che alcuni social network, come Twitter, hanno faticato a reggere l'assalto dei commenti dei fan. Anche Louis, Zayn e Harry sono stati oggetto delle implacabili attenzioni di paparazzi e scribacchini a caccia di lucrose esclusive. Persino Niall, che è rimasto single, ha dovuto subire intromissioni e speculazioni sulla sua vita privata. Sulla scena della musica pop, solo Justin Bieber deve misurarsi con un'attenzione più aggressiva da parte della stampa. Quanto possa essere pericolosa questa pressione, per tutte le persone che vi sono coinvolte, è diventato chiaro nel gennaio del 2013, quando un paparazzo che stava cercando di fotografare Bieber è rimasto ucciso in un incidente automobilistico. L'episodio ha sconvolto l'intera industria.

A ogni modo, è stata soprattutto la vita privata di Harry ad attirare la più massiccia curiosità. Dopo la chiacchierata storia con Caroline Flack, le sue avventure sentimentali sono al centro dei pettegolezzi. Se il ritratto di Harry fornito dai media come scatenato dongiovanni è esagerato, ora che gli è stata affibbiata l'etichetta di sciupafemmine difficilmente la grancassa mediatica sarà disposta a togliergliela di dosso. Quando ha iniziato a frequentare la cantante Taylor Swift, i due sono subito stati salutati con il titolo di coppia d'oro del pop. Sono stati visti scambiarsi un bacio dopo il concerto newyorchese di Taylor il giorno di Capodanno, per poi partire per una vacanza ai Caraibi. Secondo fonti non confermate Harry avrebbe dichiarato il suo amore a Taylor e il padre di lei lo avrebbe ammonito a comportarsi seriamente e a non spezzare il cuore della figlia. Mentre alcune ammiratrici della band hanno accolto con favore la presunta relazione di Harry, molte se la sono presa a morte con la Swift e hanno dato pieno sfogo ai propri sentimenti sui social network. (Nel gennaio del 2013 Harry e Taylor Swift si sono lasciati. Nonostante alcune fonti pensino che si rimetteranno insieme, un giorno, il loro legame sembrava giunto al termine. Molte fan hanno festeggiato selvaggiamente il ritorno di Harry «sul mercato».) Se da una parte i cinque ragazzi sono consapevoli che un simile fervore è inscindibile dalla fama conquistata con tanto impegno e fatica, dall'altra è comprensibile che si sentano minacciati dalla forte reazione emotiva che accompagna ogni loro azione.

Liam si è riconquistato una fetta di anonimato quando si è rasato gli adorati riccioli, sfoggiando capelli cortissimi. Un momento di ribellione, da parte dell'idolo delle giovanissime. «All'inizio i manager dicevano che non potevo cambiare pettinatura», ha raccontato Liam a *Vogue*. «Ma io ho fatto di testa mia, e loro si sono adeguati.» Di colpo poteva girare per strada, in Gran Bretagna come negli Stati Uniti, senza essere riconosciuto. Un giorno, adottando una mise per sviare l'attenzione (si era vestito «come un vero coatto», ha raccontato, «scarpe da ginnastica Adidas, pantaloni della tuta»), se ne è andato in giro a festeggiare il suo ritrovato anonimato. Ovviamente, quando la nuova pettinatura è diventata di pubblico dominio, il periodo di relativa tranquillità personale è terminato. Nel frattempo, però, se l'è goduta un mondo.

A dire la verità, a volte sono proprio i ragazzi a gettare benzina sul fuoco mediatico. Nel novembre del 2012 gli One Direction si sono lasciati coinvolgere in un battibecco via Twitter con i componenti della boy band rivale The Wanted. Si è trattato di uno scambio di battute colorite ed esplicite in cui si alludeva al fatto che uno dei ragazzi degli One Direction facesse uso di marijuana. Questo episodio ha messo il management della band nella condizione di dover gestire uno spinoso problema di comunicazione: sebbene il gruppo non sia mai stato presentato come un quintetto di angioletti senza macchia, coloro che si occupano della loro immagine sanno quale importanza essa abbia, soprattutto se trasmette un messaggio non proprio ideale ai fan più giovani. Ciò, inoltre, aumenta la pressione dei media sulla band, con i paparazzi che intravedono la possibilità di strappare uno scoop (anche in termini di guadagni). A ogni modo, gli One Direction hanno dichiarato che mai nessuno di loro ha fatto uso di droghe, e quando qualcuno gli ha rivolto una domanda sull'argomento durante una conferenza stampa a Madrid, la risposta di Louis è stata: «Noi di quella roba non abbiamo bisogno. Ci basta la Pepsi!»

Anche le famiglie dei cinque ragazzi hanno sofferto per la crescente pressione mediatica cui sono sottoposti i loro cari. Sebbene vadano assai fieri del loro successo, per i parenti di Louis, Liam, Niall, Zayn e Harry talvolta è angosciante misurarsi con l'intrusione dei media e con le offese che arrivano dalla rete, soprattutto quando varcano il confine della vita famigliare. E, nei periodi in cui i ragazzi sono lontani da casa, a conquistare il mondo, le famiglie sentono la loro mancanza.

Da quando si è formata la band, per i ragazzi i momenti trascorsi in famiglia sono stati una rarità. Nel corso del 2012 il periodo massimo di stacco per loro è stato di tre giorni. I ragazzi non vedevano l'ora di godersi le settantadue ore di riposo, e Niall era fuori di sé dall'eccitazione all'idea di poter trascorrere qualche giorno «tranquillo a casa mia, e andare al pub con i vecchi amici». Tricia, la mamma di Zayn, ha dichiarato: «Ogni volta che parte, davanti al cancello di casa io scoppio a piangere e lui mi dice: 'Mamma, non vado mica in guerra!'» Poi aggiunge, dipingendo una scena strappalacrime: «Arriva l'autista a prenderlo e io resto lì, in piedi, a fargli ciao con la mano».

Finché gli One Direction resteranno al vertice della

musica pop, nell'immediato futuro scene d'addio come queste ne capiteranno spesso. Al momento in cui questo libro viene scritto, i ragazzi non hanno dimenticato le loro origini. Il fatto che Zayn abbia menzionato Bradford durante il concerto al Madison Square Garden lo dimostra. Liam, nel frattempo, si è scolpito sulla pelle la promessa di restare con i piedi per terra, facendosi tatuare sul braccio la frase *Everything I Ever Wanted, But Nothing I'll Ever Need*: «Tutto ciò che ho desiderato, ma niente di cui avrò mai bisogno». Per lui ha il significato di un eterno promemoria: mentre i suoi più arditi sogni pop si stanno realizzando, le cose che contano nella vita restano l'amore della famiglia e degli amici.

Il fatto sorprendente è che, solo nel 2010, gli One Direction erano cinque ragazzi sconosciuti la cui vita sociale era simile a quella di qualsiasi altro normale teenager britannico. Invece, tra la fine del 2012 e l'inizio del 2013, si spalanca per loro un futuro luminoso: una tournée mondiale di oltre cento date, sessioni in sala di registrazione, apparizioni ai più importanti eventi mondani, e innumerevoli appuntamenti ancora. Perciò, un brindisi al futuro degli One Direction e alla loro conquista del mondo!

Robbie Williams li ha paragonati al più grande fenomeno del pop britannico degli ultimi decenni. «Sono una vera forza, come lo erano le Spice Girls», ha dichiarato al *Sun*. «Le Spice si sono imposte al mondo e lo hanno conquistato, e negli One Direction mi pare di vedere la stessa alchimia.» Ne hanno fatta di strada, i ragazzi, dalla loro prima nervosa esibizione live con l'ex Take That in una puntata di *The X Factor*!

Simon Cowell, il loro mentore, continua a sentirsi molto orgoglioso di loro. Sono diventati il suo biglietto da visita vincente, e Simon è attento e determinato a garantire che la band continui nel suo cammino trionfale. Niall racconta che si sentono ancora spesso con Cowell. «Per fortuna fra noi non c'è mai stato motivo di disaccordo», ha detto a proposito del loro rapporto con il giudice, celebre per non avere peli sulla lingua.

Tenendo conto della crescita creativa registrata in «Take Me Home», sarà molto interessante vedere come si svilupperà in futuro la produzione musicale della band. Gli One Direction hanno ammesso che i loro gusti musicali differiscono in larga misura dal tipo di sonorità predominante nei loro primi due album. I cinque ragazzi apprezzano una grande varietà di generi musicali: dal folk e country al punk pop, all'hindie e all'hip hop. Durante i tour, sul loro pullman la musica è quella di artisti come The Fray, The Lumineers, Elvis Perkins,

Passenger, Lady Antebellum, Jay Z e Kanye West. Se questi artisti inizieranno a influenzare la produzione degli One Direction, la band comincerà sempre di più a identificarsi con la sua musica, e questo fatto non potrà che rendere più duratura la loro carriera. Come ha confidato Harry a *Vogue*: «Vogliamo che, un po' alla volta, il nostro suono diventi sempre più 'live'».

L'importante è che al centro dell'evoluzione della band ci siano sempre le idee, i desideri e le convinzioni dei ragazzi che la compongono. I cinque non vogliono fare le marionette del pop, e del resto nemmeno i loro fan lo permetterebbero. Gli One Direction possiedono una genuina scintilla creativa, ma sono anche dei giovani uomini a modo, dei bravi ragazzi che si meritano rispetto. Una volta a Simon Cowell qualcuno domandò come poteva essere sicuro che la band avrebbe resistito al successo, invece di perdere rapidamente il favore di un'industria volubile e capricciosa come quella del pop. Il suo pensiero era molto semplice: «Voi siate ragionevoli e trattateli come esseri umani, con spontaneità. È questa la cosa che più conta».

BIBLIOGRAFIA

BAILEY, E., *One Dream One Direction,* Sperling & Kupfer, Milano 2012.

BLAIR L., *Birth Order*, Piatkus Books, 2011.

NEWKEY-BURDEN, C., *Simon Cowell: The Unauthorized Biography*, Michael O'Mara Books, 2009.

OLIVER, S., *One Direction A-Z*, John Blake Publishing, 2011.

ONE DIRECTION, *1D: Forever Young*, Harper Collins 2011.

ONE DIRECTION, *Il coraggio di sognare – Noi, gli One Direction*, L'ippocampo, Milano 2012.

PARAMOR, J., *The X Factor: Access All Areas*, Headline, 2007.

REFERENZE FOTOGRAFICHE

Pagina 1: Beretta/Sims/Rex Features.

Pagina 2: Beretta/Sims/Rex Features.

Pagina 3: NTI Media Ltd/Rex Features (in alto); Danny Martindale/FilmMagic/Getty Images (in basso).

Pagina 4: McPix Ltd/Rex Features.

Pagina 5: Beretta/Sims/Rex Features (in alto); McPix Ltd/Rex Features (in basso).

Pagina 6: Rex Features (in alto); David Fisher/Rex Features (in basso).

Pagina 7: Ian Gavan/Getty Images (in alto); Ian West/PA Archive/Press Association Images (in basso).

Pagina 8: McPix Ltd/Rex Features (in alto); Eamonn McCormack/WireImage/Getty Images (in basso).

Pagina 9: Fred Duval/FilmMagic/Getty Images.

Pagina 10: Dave Hogan/Getty Images (in alto); Jon Furniss/WireImage/Getty Images (in basso).

Pagina 11: Jason Sheldon/Rex Features.

Pagina 12: John Marshall/AP/Press Association Images (in alto e al centro); David Fisher/Rex Features (in basso).

Pagina 13: Kevork Djansezian/Getty Images (in alto); Andrew H Walker/Getty Images (in basso).

Pagina 14: © Splash News/Corbis (in alto); Newspix/Nathan Richter/Rex Features (in basso).
Pagina 15: © Splash News/Corbis.
Pagina 16: Newspix/Rex Features (in alto); AGF s.r.l./Rex Features (in basso).

INTRODUZIONE

QUANDO gli atleti corrono sulla pista, gli spettatori sono talmente presi a osservare i primi da non accorgersi che, in alcune occasioni davvero magiche, uno dei concorrenti meno favoriti decide che anche lui ha il diritto di essere notato. E da quel momento, non fa più soltanto numero. Attingendo a tutte le sue risorse, scopre con grande piacere che riesce a raggiungere il gruppo di testa con una facilità che non avrebbe mai immaginato. Allora il pubblico si alza in piedi e con un boato sottolinea la nascita di una nuova stella; in fondo, chi resiste alla storia dell'outsider che diventa un vincente?

La storia di Niall Horan segue questo copione, un racconto che ha scaldato il cuore di milioni di persone, compreso il re del pop, Justin Bieber («I bravi ragazzi vincono sempre, fratello», recitava il messaggio da lui inviato a Niall dopo che gli One Direction fecero centro per la prima volta nelle classifiche di vendita americane). Per Horan, quello fu un messaggio importante per due ragioni: non solo perché il giovane irlandese è da sempre un grande fan del cantante canadese, ma anche perché lui è un bravo ragazzo. Chi si occupa dell'immagine degli One Direction ha voluto creare per ogni componente del gruppo l'immagine di un giovane carino e simpatico, ma con Niall il compito è stato facilissimo, perché lui è un bravo ragazzo, affascinante e vero.

E basta guardarlo per accorgersene. I suoi occhi azzurri sono incastonati in un viso angelico, mentre i capelli biondi non fanno che accrescere la sua irresistibile aria da cherubino. Senonché, questa innocenza si affievolisce quando prende il sopravvento il suo sorriso irriverente. Un sorriso che negli ultimi tempi ha subito un cambiamento, dato che l'apparecchio ha trasformato il suo modo di ridere. In effetti, questo mutamento è diventato il simbolo dell'evoluzione intervenuta nella sua vita.

La faccia d'angelo del seducente ragazzo irlandese, cresciuto in rigide scuole religiose, non è affatto una maschera. Dentro di sé «Nialler», come si fa chiamare, è un giovane moralmente sano, seppure insolente. Vedere come ha dovuto fare i conti con il livello di stress che il successo planetario del gruppo ha comportato, è stato proprio interessante. A volte si sentiva impacciato a causa delle inevitabili pressioni. Il suo atteggiamento naturale (cortese, rilassato e talora pagliaccesco) è stato messo a dura prova dall'immensa popolarità raggiunta dal gruppo. Tuttavia, alle pressioni e alle tensioni si sono accompagnati fama, fortuna e divertimento.

La band è balzata in vetta alle classifiche musicali di nazioni che Niall, prima di cominciare a esibirsi, non sapeva nemmeno che esistessero. Oggi la sua vita non è altro che un allegro vagabondare in giro per il mondo, tra locali pieni di fan adoranti che fanno il tutto esaurito, alberghi di lusso, studi di registrazione e conferenze stampa, con feste annesse. Si calcola che la sua ricchezza personale si aggiri ormai sui sei milioni di euro, una cosa che supera i suoi sogni più rosei. Da piccolo amava cantare sotto la doccia, ammette, ma non avrebbe mai creduto di ottenere sensazionali contratti discografici, né tanto meno di diventare una stella del pop. Qualche volta si dà ancora un pizzicotto...

Il percorso di Niall con il resto del gruppo è certamente il più interessante. All'inizio qualcuno lo riteneva un semplice elemento di supporto, altri, più crudeli, lo prendevano in giro per il suo aspetto, specialmente per la dentatura. Qualche membro degli 1D, in particolare Harry Styles, attirava maggiore attenzione, ma il ragazzo irlandese ha continuato a fare la sua parte e a credere in se stesso. Poi, come in una favola, si è ritrovato ad avere una crescente popolarità all'interno della band. La sua nuova statura si è imposta soprattutto negli Stati Uniti, e poi anche nel resto del mondo, e gli ammiratori degli 1D si sono resi finalmente conto del suo fascino. Certo, qualcuno lo ama da sempre, e per questi precoci ammiratori è stata un'esperienza agrodolce vedere l'assalto di cui ormai è oggetto.

Tuttavia, anche per lui ci sono stati alti e bassi, vittorie e battute d'arresto, tanto nella carriera quanto nella vita privata. Da quando è diventato celebre, l'unica cosa che gli manca è la possibilità di rilassarsi, di ritagliare un po' di tempo per se stesso. Nel frattempo, le qualità che lo hanno reso tanto affascinante sono rimaste tali, e il passaggio da sconosciuto ragazzo irlandese a superstar mondiale si è effettuato dolcemente, con eleganza.

Niall è il simpaticone del pop, e questa è la sua storia. Parafrasando uno dei successi della band, possiamo dire che è la miglior storia di sempre (*Best Song Ever*).

CONTINUA

Stampato presso ELCOGRAF S.p.A.
Stabilimento di Cles (TN)